간디의 진리 실험 이야기

청소년 철학창고 19
간디의 진리 실험 이야기

초판 1쇄 발행 2007년 11월 30일 | 초판 5쇄 발행 2016년 12월 20일

지은이 허우성
펴낸이 홍석 | 기획 채희석 | 전무 김명희
편집 정다혜 | 표지 디자인 황종환 | 본문 디자인 서은경
마케팅 홍성우 · 이가은 · 김정혜 · 김정선 | 관리 최우리
펴낸곳 도서출판 풀빛 | 등록 1979년 3월 6일 제8-24호
주소 03762 서울특별시 서대문구 북아현로 11가길 12 3층
전화 02-363-5995(영업), 02-362-8900(편집) | 팩스 02-393-3858
홈페이지 www.pulbit.co.kr | 전자우편 inmun@pulbit.co.kr

ⓒ 허우성, 2007

ISBN 978-89-7474-548-6 44150
ISBN 978-89-7474-526-4 (세트)

이 책의 국립중앙도서관 출판시도서목록(CIP)은 e-CIP 홈페이지(http://www.nl.go.kr/cip.php)에서
이용하실 수 있습니다(CIP제어번호: CIP2007003532).

간디의 진리 실험 이야기

라가반 이예르 엮음 | 허우성 지음

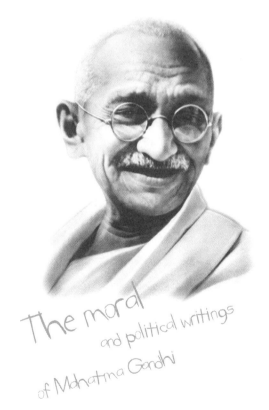

The moral
and political writings
of Mahatma Gandhi

'청소년 철학창고'를 펴내며

　우리 청소년이 읽을 만한 좋은 책은 없을까? 많은 분들이 이런 고민을 하셨을 겁니다. 그러면서 흔히들 고전을 읽어야 한다고 합니다. 하지만 서점에 가서 책을 골라 보신 분들은 느꼈을 겁니다. '청소년의 지적 수준에 맞춰서 읽힐 만한 고전이 이렇게도 없는가.'라고.

　고전 선택의 또 다른 어려움은 고전의 범위가 매우 넓다는 것입니다. 청소년 시기에는 시간과 능력의 한계 때문에 그 많은 고전들을 모두 읽을 수 없습니다. 그렇다면 어떤 책을 읽어야 할까요?

　이런 여러 가지 현실적 어려움을 고려하여 기획한 것이 풀빛 '청소년 철학창고'입니다. '청소년 철학창고'는 고전의 핵심이라 할 수 있는 '철학'에 더 많은 무게를 실었습니다. 그 이유는 무엇일까요?

　사람들은 일반적으로 철학을 현실과 동떨어진 공리공담이나 펼치는 학문이라고 생각합니다. 하지만 철학적 사고의 핵심은 사물과 현상을 다양하게 분석하고 종합하여 그 원칙이나 원리를 찾아 내는 것입니다. 그래서 철학은 인간과 세상에 대해 깊이 있게 생각하고, 논리적으로 종합하는 능력을 키워 줍니다. 그런 만큼 세상과 인간에 대해 눈떠 가는 청소년 시기에 정말로 필요한 공부입니다.

하지만 모든 고전이 그렇듯이 철학 고전 또한 읽기가 쉽지 않습니다. 그래서 '청소년 철학창고'는 청소년의 눈높이에 맞추기 위해 선정에서부터 원문 구성에 이르기까지 많은 노력을 기울였습니다.

첫째, 책을 선정하는 과정에서부터 엄격함을 유지했습니다. 동양·서양·한국 철학의 전공자들이 많은 회의 과정을 거쳐, 각 시대마다 동서양과 한국을 대표하는 철학 고전들을 엄선했습니다. 특히 우리 선조들의 사상과 동시대 동서양의 사상들을 주체적인 입장에서 비교하고 검토할 수 있도록 했습니다.

둘째, 고전 읽기의 참다운 맛을 살리기 위해 최대한 원문을 중심으로 구성했습니다. 물론 원문 읽기의 어려움을 해결하기 위해 새롭게 번역하고 재정리했습니다. 그리고 청소년이라면 누구나 어렵지 않게 읽으면서 고전이 주는 의미와 내용을 이해할 수 있도록 설명을 덧붙였고, 전체 해설을 통해 저자의 사상과 전체 내용을 다시 한 번 정리해 주었습니다.

마지막으로 쉬운 것부터 읽기 시작하여 점차 사고의 폭을 넓혀가도록 난이도에 따라 세 단계로 구분을 했습니다. 물론 단계와 상관 없이 읽고 싶은 순서대로 읽어도 될 것입니다.

우리 선정위원들은 고전 읽기의 진정한 의미가 '옛것을 되살려 오늘을 새롭게 한다(溫故知新).'는 데 있다고 생각합니다. '청소년 철학창고'를 통해 자라나는 청소년들이 인간과 사물에 대한 깊은 통찰력을 키워, 밝은 미래를 열어 나갈 수 있기를 진정으로 바랍니다.

2005년 2월

선정위원　허우성(경희대 교수, 동양철학)　　윤찬원(인천대 교수, 동양철학)
　　　　　정영근(서울산업대 교수, 한국철학)　허남진(서울대 교수, 한국철학)
　　　　　이남인(서울대 교수, 서양철학)　　　한자경(이화여대 교수, 서양철학)

들어가는 말

여느 철학자나 사상가라면 주요 저작이 있고, 그것으로 세상에 기여하면서 역사에 남기 마련이다. 즉 어떤 사상을 논의하는 일반적인 방법은 그 사상가의 주요 저작을 중심으로 그의 학문적 성과와 그것이 후대에 미친 영향 등을 해설하는 것이다. 하지만 간디는 다르다. 그는 많은 양의 글을 쓰긴 했지만, 특별히 주요 저작이라 할 만한 것은 남기지 않았다.

그렇다면 간디는 어떠했는가? 그는 행동하는 사람이었다. 진리를 찾고 그것을 실현하기 위해 온몸을 던진 사람이었다. 사실 그에게 흔히 따라다니는 독립 운동가, 비폭력 저항주의자, 성자 같은 개별 수식어로는 그를 정확히 표현할 수 없다. 그에게는 인도의 독립 운동, 비폭력 평화 운동, 종교 수행 등이 모두 같은 의미였기 때문이다. 남아프리카에서 유색 인종 차별 폐지를 위해 벌였던 진리파지 운동에서부터 인도 독립의 실현을 위한 '영국은 인도를 떠나시오' 운동까지 그는 평생을 진리와 비폭력의 실천 속에서 살았다. 그에게는 인도의 독립조차 진리와 사랑, 비폭력을 전제로 하지 않고서는 무가치했다. "나의 인생이 나의 메시지"라고 했던 간디의 말이야말로 이러한 그의 삶을 가장 잘 보여 주고 있다.

간디는 진리와 비폭력을 전하기 위해 주간지를 발행하면서 많은 글을 썼고, 인도의 방방곡곡을 돌아다니며 연설을 했으며, 수많은 외국인들과 편지를 주고받았다. 이것들은 그가 죽은 다음 90권의 방대한 분량으로 인도 정부에 의해 간디 전집으로 출간되었다. 이 가운데 주요 글들을 모아 선집으로 출간한 것이 《마하뜨마 간디의 도덕·정치사상》이며, 그것을 텍스트 삼아 청소년용으로 정리한 것이 바로 이 책이다.

간디의 글은 대체로 어렵지 않다. 여러 부류의 사람들 속에 살았던 간디는 당연히 모든 이들을 대상으로 말하고 글을 썼다. 때문에 그의 글은 대체로 쉽고, 내용은 거의 "모든 사람들이 고민하는 모든 내용"을 아우르고 있다. 즉 그는 주간지의 기고문이나 강연을 통해 자신의 전공이었던 법률 분야부터 정치와 외교, 국가와 민중의 역할이나 의미는 물론 예술의 본질이나 교사의 자세, 외국어 학습 시기까지 상담해 주는 등 그야말로 이웃집 할아버지 같은 모습을 보여 주었다.

거짓과 증오, 폭력이 난무하며, 수많은 이들이 강한 힘만을 숭배하던 20세기 속에서 진리와 비폭력의 메시지를 전하기 위해 노력했던 간디는 차라리 하나의 기적이었다. 이 기적의 인물 간디를 오늘날 누가 읽어야 할까? 누구보다도 정직하게 평화와 사랑으로 세상을 이끌어야 할 청소년이 읽어야 한다. 진리에 다가감으로써 이 세상을 개혁하려는 사람들이 읽어야 한다. 우리 모두는 간디 자신이 보여 주었던 지식과 행위의 일치, 진리에의 헌신과 비폭력 정신을 배워야 한다. 자신이 존재하는 곳에서 참을 조금이나마 실현하고자 하는 사람 모두를 여기에 초대한다. 이 사람 간디를 보라!

2007년 10월
허우성

차 례

이 책을 이해하기 위한 배경 지식

라마야나	산스끄리뜨로 '라마(Rāma)가 나아간 길'을 뜻하는 제목의 이 작품은, 《마하바라따(Mahābhārata)》와 함께 인도의 2대 서사시로 여겨진다. 고대 인도의 시인 발미끼(Vālmīki)가 BC 300년 이후에 쓴 것으로 추정되며, 지(智), 인(仁), 용(勇)을 갖춘 코살라 왕국의 왕자인 라마가 마왕 라바나(Rāvaṇa)에게 빼앗긴 부인 시따(Sita)를 도로 빼앗아 오는 모험 무용담을 다루고 있다. 흔히 '라마의 사랑 이야기'로 알려져 있다. 예나 지금이나 인도에서 대단한 인기를 누리고 있는 서사시며, 인도인들은 이 시를 암송하는 것을 큰 공덕을 쌓는 일이라고 생각한다. 간디 역시 어릴 적부터 이 시를 즐겨 외웠다.

마하바라따	《라마야나(Rāmāyaṇa)》와 함께 인도 2대 서사시의 하나. 산스끄리뜨로 '바라따 왕조의 대서사시'라는 의미를 지닌 이 책은 높은 문학적 가치와 함께 종교적 감화를 전해 주는 작품으로 평가된

다. AD 400년경에 오늘날 전해지는 형태를 갖추었다. 친척이었던 까우라바 가 (家)와 빤다바 가 사이에 벌어졌던 권력 쟁탈전이 여러 영웅들을 중심으로 전개되며, 수많은 전설과 교훈적인 내용을 담고 있는 책이다. 마하르쉬 브야스 (Maharshi Vyās)가 저자로 알려져 있으나, 당시까지 전해 오던 자료를 그가 편집했다고 함이 더욱 타당할 것이다.

《마하바라따》에는 가장 중요한 힌두교 경전인 《바가바드 기따(Bhagavad Gītā)》가 들어 있다. 간디는 《마하바라따》를 역사적인 내용을 담은 서사시가 아니라 종교와 윤리의 문제를 다루는 작품으로 보았다.

| 바가바드 기따 | '주님의 노래'라는 의미를 지닌 경전으로, 전사 아르주나 (Arjuna) 왕자와 그의 친구이자 마부인 끄리슈나(Kṛṣṇa)가 대화하는 형식으로 씌어졌다. 즉 주인공 아르주나에게 베풀어진 비슈누(Viṣṇu, 힌두교에서 우주를 유지하는 신) 신의 화신 끄리슈나의 가르침을 담고 있다. 《마하바라따》의 제6권에 속하고, 단행본으로는 가장 중요한 힌두교 경전이다.

《바가바드 기따》(이하 《기따》)는 《마하바라따》의 주요 글들보다 늦게 형성됐으며, AD 100~200년경에 씌어진 것으로 보인다. 이 시는 700개의 산스끄리뜨 송이 18장으로 나뉘어져 있으며, 시 속의 대화는 빤다바 가와 까우라바 가 사이에 전쟁이 발발하려고 하는 전쟁터를 배경으로 하고 있다. 아르주나 왕자는 두 나라의 군대가 서로 대치해 있고, 많은 친구와 친척들이 적군에 정렬해 있는 것을 보고 잠시 주저한다. 그는 잔인한 전쟁에 참가하느니 차라리 적군에 항복해서 죽는 것이 더 나은 일이 아닐까 생각한다. 그러나 아르주나는 곧 끄리슈나에 의해 전사로서의 의무감을 회복하게 된다. 끄리슈나는 그에게 개인적인 승리나 전리품 획득과 같은 이기심은 버리고, 신에 대한 믿음을 갖고 전쟁에 임함으로써 스스로의 의무를 냉철하게 수행하는 것이 더 위대한 길임을 지적해 준다.

이렇듯 《기따》는 윤리 문제로 출발하지만 그것을 넘어서서, 결국 신의 본질과 인간이 어떻게 신을 알 수 있는가, 라는 신의 인식 문제를 광범위하게 고찰

하고 있다. 즉 이 작품은 시대를 초월해 인도의 종교 사상과 실천 문제를 제시하고 있다.

힌두교에서의 《기따》는, 기독교에서 《신약성서(New Testament)》가 차지하는 위상과 비슷한 자리에 있다. 때문에 현대의 주석가들은 이 책을 흔히 '힌두교의 《신약성서》'로 부른다. 《기따》의 한두 장에 익숙하지 않은 인도인은 없을 정도며, 많은 인도인이 그것을 모두 암송하고 있다. 《기따》의 인기는 고대부터 지금까지 그것에 관한 수많은 주석서, 용어 사전, 해설서가 있다는 사실에서도 짐작할 수 있다. 많은 지식인들은 특히 《기따》에서 자신의 사상적 근거를 제시하는데, 간디만이 아니라 그의 정적들조차도 자신의 행동 근거를 《기따》에서 찾았다.

간디는 힌두교의 여러 경전 중에서 《기따》를 매우 좋아했으며, 거기서 생명의 평등, 비폭력(ahimsa, '아힘사'), 진리(satya, '사땨'), 봉사의 길을 배웠다고 밝혔다. 《기따》를 '불멸의 어머니'라고 칭한 간디는 다음과 같이 말한 적이 있다. "나에게 그것은 영적인 사전이다. 해야 할 일과 해서는 안 될 일에 대해 의심에 빠져 있을 때마다 나는 《기따》를 근거로 삼는데, 지금까지 그것이 나를 실망시킨 적은 한 번도 없다. 그것은 진정 여의주와 같다."

이처럼 간디는 《기따》를 자신의 종교적, 사상적 근거로 보았으며, 그것을 매일 독송하려고 노력했고, 다른 사람에게도 그렇게 하기를 권했다.

물레 부흥 운동　물레질이란 면화에서 실을 뽑는 행위를 가리킨다. 이 실을 사용해서 손으로 짠 옷을 카디(khadi)라 한다. 간디는 현대 문명과 영국 제국주의로부터 해방되기 위해서는 영국에서 수입한 천 대신에 카디를 입어야 한다고 믿었고, 그 믿음에 근거해서 적극적으로 물레 부흥 운동을 벌였다. 간디는 자주, 자립 운동의 하나로 인도는 물론 이웃나라 사람들에게도 물레질을 권했다. 이 물레는 오늘날 한국에서도 화학 섬유의 생산과 사용으로 생태계 파괴를 우려하는 환경론자들에게 중요한 상징이 되고 있다.

비폭력은 산스끄리뜨로 아힘사라고 말해지며, 아힘사는
불살생(不殺生)이나 불상해(不傷害)라고도 옮길 수 있다. 그
리고 이것을 더 긍정적으로 보면 사랑이나 자비가 된다. 간디는 비폭력을 모든
종교의 가르침으로 받아들였을 뿐만 아니라, 그것을 인간의 행위에서 가장 기
초적이고도 보편적인 원칙이라고 생각했다. 그런 까닭에 그는 진리와 비폭력
은 종교 분야뿐 아니라 정치 분야에도 실현돼야 한다고 보았다.

간디에게 진리와 비폭력이라는 두 주제는 매우 중요했기 때문에 그는 이 주
제를 수시로 이야기했고, 다른 것을 설명하다가도 흔히 이 두 주제로 다시 돌
아가고는 했다. 촌락 자치의 이상 실현을 이야기할 때도, 예술이나 과학을 논
의할 때도, 푸른 하늘을 바라보라고 권유할 때도, 그의 마음은 언제나 진리와
비폭력에 향해 있었다.

아래 도표는 간디가 〈나란다스 간디에게 보낸 편지(Letters to Narandas Gandhi)〉
(1930)의 시작 부분에 나오는 것으로 진리와 아힘사, 그리고 다섯 서약의 관계에
대해 잘 보여 주고 있다.

이 그림의 왼쪽 위를 보면 간디는 진리 아래에 아힘사를 두고 있고, 오른쪽
위를 보면 진리와 아힘사를 하나의 쌍으로 동등하게 취급하고 있다. 간디는 다
음과 같이 설명하고 있다. "아힘사는 진리에서 도출할 수도 있고, 아니면 진리

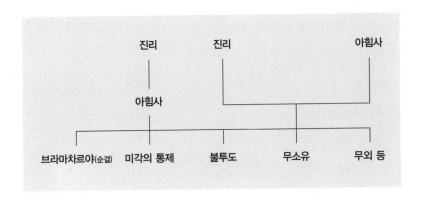

와 함께 쌍을 이룰 수도 있다. 진리와 아힘사는 동일하지만 나는 진리를 유달리 좋아한다. 최종적으로는 오직 하나의 실재만이 존재할 수 있다. 최고의 진리는 그 자체로 홀로 서 있다. 진리는 목적이며 아힘사는 그것에 이르는 수단이다." 그는 진리와 아힘사는 늘 함께 가는 것이지만, 제일 귀중한 것 하나를 골라야 한다면 진리를 택할 것이라고 했다.

간디는 진리와 아힘사 아래에 그것들을 지키기 위한 필수 조건으로 브라마차르야(Brahmacharya) 등의 다섯 서약을 두고 있다. 브라마차르야는 청정행(淸淨行) 또는 순결을, 불투도(不偸盜)는 훔치지 않는 것을 의미한다. 브라마차르야 다음에 바로 미각의 통제가 나오는데, 간디는 사람의 욕정은 보통 미각의 쾌락을 따르려는 생각과 붙어 있다고 보았다. 그래서 순결을 지키기 위해서는 미각의 통제가 필수라고 보았다. 그 밖에 무소유(無所有)란 우리 육신의 자양분 공급과 보호를 위해 꼭 필요한 것이 아니라면 어떤 것도 저장해서는 안 된다는 의미고, 무외(無畏)는 두려워하지 않는다는 뜻으로 깨달음을 위해 온갖 장애를 두려워하지 않는 상태를 말한다.

| 비협조 운동 |

간디가 진리파지(眞理把持, satyagraha, '사따그라하')의 일환으로 제안한 운동이다. 비협조는 악의 세력에 무의식적으로, 비자발적으로 가담하는 것에 대한 저항이며 거부다. 즉 부당한 정부와 그 정책에 대해서 협조하지 않는 것이다. 비협조 운동은 여러 모습으로 나타났다. 외국 상품의 불매 운동, 물레 부흥 운동, 영국 정부가 세운 학교에 대한 등교 거부, 영국이 제정한 법에 따르는 변호사 업무의 거부, 영국이 부여한 작위 반납 등이 대표적인 사례에 속한다. 그러나 간디의 비협조 운동에 대해 인도의 독립을 원했던 모든 인도인들이 찬성했던 것은 아니다. 시인 타고르가 그런 사람 중의 하나였다.

| 신 |

간디는 바이슈나바(Vaisnava, 비슈누 신을 믿는 교도)인 가족 안에서 태어난 만큼 신의 존재에 대해 기본적인 신앙을

갖고 있었다. 간디는 우주를 지배하는 법칙으로서, 그리고 그 법칙의 부여자로 서 신이 존재한다고 믿었다. 이런 신앙심은 그의 사상과 행동에서도 핵심을 이루고 있다.

바이슈나바들은 근대 인도의 힌두교도 유신론자(有神論者)들 중 가장 중요한 부분을 차지하고 있다. 간디가 어릴 때부터 반복해서 외웠다는 《라마야나》의 주인공 라마 역시 비슈누 신의 화신으로 간주되고 있다.

신에 대한 관념과 관련해서 간디는 《이샤 우빠니샤드(Isha Upaniṣad)》에서도 커다란 영향을 받았다. 간디는 《이샤 우빠니샤드》의 첫 번째 주문(mantra, '만뜨 라')에 나온 그대로 '존재하는 만물에는 신이 두루 퍼져 있다.'고 믿었다. 이 만 뜨라를 통해 간디는 신에 대한 비전과 모든 생명이 평등하다는 영감을 얻었다 고 한다.

그러므로 간디에게 신은 만물에 생명을 불어넣는 혼이며 힘이자, 만물 안에 두루 있으면서 동시에 그 만물을 초월하는 존재였다. 간디는 이런 신의 법칙이 정치에서도 실현돼야 한다고 굳게 믿었고 늘 그것을 따르며 실천하려고 했다.

| 인도 국민회의 | 인도 국민회의(印度國民會議, Indian National Congress)는 1885년 창설, 같은 해 12월 첫 전당대회를 열고, 이후 폭 넓은 지지 기반을 갖게 된 인도의 정당이다. 영국으로부터 독립을 얻어내기 위 해 주도적 역할을 수행했던 이 단체의 출범은 근대 인도 역사에서 매우 획기적 인 사건이었다.

국민회의는 인도 국민의 자발적인 노력으로 생겨난 것이 아니라 영국인에 의해 계획되고 성립된 단체였기 때문에, 출범 초기에는 영국의 지배에 대해 충 성을 바쳤다. 1917년 B. G. 틸라크(B. G. Tilak)와 애니 베전트(Annie Besant)가 주 도한 극단주의적인 자치파가 주도권을 장악하기 전까지도 매년 온건한 개혁안 정도나 제시하는 수준이었다.

그러나 1920~1930년대에 들어 국민회의는 간디에 의해 주도됐고, 인도의 궁극적인 독립을 위해 비협조 운동을 전개해 나가기 시작했다. 이후에도 간디를 비롯한 국민회의 세력은 1942년 '영국은 인도를 떠나시오'라는 대규모 시민 불복종 운동을 주관하는 등 인도의 독립 운동을 주도했다. 그러나 간디는 때때로 국민회의와 거리를 두고 독자적으로 행동하기도 했다.

1947년 인도 독립 법안이 통과됐고, 1950년 1월에는 독립국 인도의 헌법이 반포됐다. 독립 이후 한동안은 자와할랄 네루(Jawaharlal Nehru, 1889~1964)가 국민회의를 이끌고 인도 정치를 주도하게 된다.

| 자아실현 |

단어 그대로 자아(ātman, '아뜨만')를 실현하는 것이다. 간디는 이를 종종 해탈(moksha, '목샤')로 불렀고, 모든 사람이 이것을 인생 최고의 목표로 삼아야 한다고 했다. 그는 《기따》의 가르침에 따라 신체는 무상한 존재고 여러 가지 모습으로 나타나는 복수(複數)지만, 아뜨만은 영원한 존재이자 사람의 참모습이므로 오직 하나일 수밖에 없다고 믿었다. 따라서 간디에게 자아실현, 즉 아뜨만의 실현은 저절로 모든 생명의 하나 됨(단일성)을 깨닫는 것이 된다.

간디는 자아실현과 《기따》에 대해 다음과 같이 말한 적이 있다. "인간은 신과 닮기 전에는 자신과 평안하게 화합할 수 없다. 그런 경지에 도달하려는 노력은 지고(至高)의 것이고, 가질 만한 가치가 있는 유일한 야망이다. 이것이 자아실현이다. 이 자아실현은 모든 인도 성전의 주제이면서 《기따》의 주제다." 또한 간디에게 자아실현은 진리를 깨달아 그것을 고수하고자 하는 진리파지와 별개의 것이 아니었다. 간디는 자치, 물레 갖기, 비협조 운동 등의 정치 행위 역시 자아실현의 과정으로 보았다.

| 자주, 자립, 애국 |

힌디어로 스와데시(swadeshi)라고 하며, 자주, 자립, 애국, 또는 국산품 애용을 의미한다. 간디에 따르면, 스와데시는 인생의 모든 면에서 "우리에게 가장 인접한 주변의 것들을 사용하고 먼 것을 배제하는 일"이다. 우리의 종교를 믿고, 토착 기관이나 조직을 되살려 이용하고, 국산품을 애용하는 것 등이 이에 해당된다. 즉 간디는 서양 문명을 무조

건 따라서는 안 되고, 진리와 비폭력을 가르치는 인도 문명을 회복하는 것이 완전한 자치로 가는 지름길이라고 생각했다. 간디는 촌락이 자치를 하기 위해서는 스와데시를 실천해야 한다고 강조했다.

| 자치, 독립 | 힌디어로 스와라즈(swaraj)라고 한다. 자치, 정치적 독립, 자유를 의미한다. 인도가 영국에서 독립하는 것, 그리고 하나의 촌락이 정치와 경제의 측면에서 모두 자립하는 것 등이 스와라즈다. |

| 진리 | 간디는 "신이 진리"라고 주장했다가 나중에는 "진리가 신"이라고 했다. 그런데 진리란 무엇인가라는 질문에 대해서는 때때로 대답하기가 어렵다고 했다. 그래서 간디는 진리를 밝히는 방법 중의 하나로 부정의 방법을 사용했는데, 그것은 '이것도 진리가 아니고 저것도 진리가 아니다.'라고 하면서 진리를 밝히는 방법이다. 거짓이나 폭력은 진리가 아니라고 말하는 것이 바로 그런 예다. 진리는 다시 말하자면, 개인, 집단, 종교, 국가의 일에서의 진실이고 사실이다. 그런데 간디의 말에 따르면 진리는 비폭력, 곧 사랑이 없으면 제대로 알 수 없는 것이라고 한다. 즉 무엇인가를 진리라고 믿으면서도 그 때문에 화를 내고 폭력을 사용한다면 그 순간 그 진리는 진리가 아닌 것이 된다. |

| 진리파지 운동 | 진리파지 운동, 다시 말해 사땨그라하 운동이란 사땨, 즉 진리를 고수하는(graha, '그라하') 운동을 뜻한다. 진리를 사랑(비폭력)으로 실현해야 한다는 운동, 진리와 사랑이라는 가치를 정치 행위를 비롯한 인간의 모든 행위에 적용해야 한다는 뜻의 운동이다. 이 진리파지 운동을 통해, 신을 찾고 깨닫는 종교 행위와 세상의 악을 타파하려는 정치 행위가 하나로 된다. |

정의롭지 못한 정부, 부패한 권력, 나쁜 사회, 그리고 그릇된 법안이 있을 때, 거기에 저항하는 것은 사람의 당연한 의무이며, 그 의무를 다하는 것이

사땨그라하다. 사땨그라하는 시민 불복종 운동이나 스와데시 등 여러 형식으로 나타나고, 그 대상으로 정부, 민중, 이방인, 친구, 친척, 부모나 자식 등 세상의 모든 조직이나 사람이 포함될 수 있다. 간디는 사땨그라하의 사례로 갈릴레오가 반대자를 무릅쓰고 지동설을 편 일, 콜럼버스가 선원들의 반대를 물리치고 끝까지 항해해서 마침내 미국 대륙을 발견한 일, 거짓말을 하지 않는 것, 자기 자신을 칭찬하지 않는 것, 학생들이 집에서 가사를 돕고 변소를 청소하는 것 등을 들었다. 즉 간디는 사회생활이나 개인생활 모두에 사땨그라하가 필요하다고 보았다. 간디가 직접 벌인 대규모 진리파지 운동의 사례로는 남아프리카에서 인종 차별 철폐를 위해 저항한 일, 인도의 독립 운동, 단식, 하르딸[hartal, 동맹 휴업(모든 사업장과 일터의 폐쇄)], 비협조 운동, 스와데시가 있다.

간디는 자신의 정치 철학을 처음에는 수동적 저항이란 말로 표현했는데, 그가 말하는 수동적 저항은 혼의 힘을 사용하는 것이지 무기를 사용하는 것이 아니었다. 간디는 무기를 사용하는 사람이 혼의 힘을 사용하는 사람보다 약자라고 생각했다. 그러나 운동의 실천 과정에서 수동적 저항이 폭력적인 저항이자 약자의 무기로 오해받는 것을 보고, 비폭력적인 저항, 즉 강자의 무기라는 의미로 사땨그라하라는 용어를 사용하기 시작했다. 때문에 사땨그라하 운동 도중에 폭력이 발생하면 간디는 즉시 이를 중단시켰다. 또 사땨그라하를 위해 노력하는 사람은 진리파지자(satyagrahi, '사땨그라히')라고 명했다.

| 카스트 제도와 불가촉천민 | 카스트(Caste) 제도는 사람을 네 개의 계급, 즉 브라만(Brahman, 사제 계급), 끄샤뜨리아(Kshatrya, 무사나 정치가 계급), 바이샤(Vaisya, 농민이나 상인 등의 서민 계급), 수드라 |

(Sudra, 수공업에 종사하는 노예 계급)로 나눠서 차별하는 제도로 악명이 높다. 그러나 간디는 카스트 제도의 기원을 직업이 세습되었던 데서 찾았고, 그것을 비인간적인 무한 경쟁을 막을 수 있는 자연스러운 제도로 보았지 악한 제도라고는 여기지 않았다. 다만 후대에 계급 차별이 발생한 탓에 카스트 제도는 힌두교의 악폐가 되었고, 바로 거기서 불가촉천민(不可觸賤民, Harijan) 문제도 생겨났다고

주장했다.

불가촉천민이란 이 카스트 제도 안에서도 너무나 비천해 '접촉할 수조차 없을 정도로 천한 사람들'을 의미하며, 종종 카스트 제도 내의 계급이 아니라는 의미에서 아웃카스트(Outcaste)로도 불린다. 간디는 힌두교 내에 흘러들어온 이 악습을 폐지하고, 불가촉천민들의 지위를 향상시키기 위해 잡지 《하리잔(Harijan)》을 창간하는 등 다방면으로 노력을 기울였다.

| 일러두기 |

1. 이 책은 《마하뜨마 간디의 도덕·정치사상》(라가반 이예르 엮음, 허우성 옮김, 소명출판, 2004) 1~6권을 기본 텍스트로 삼아 그 핵심 내용을 골라 풀어쓰고 해설을 덧붙인 것이다. 이 텍스트의 원본은 라가반 이예르 (Raghavan Iyer)가 편찬한 《The Moral and Political Writings of Mahatma Gandhi》(Clarendon Press, 1986) 1~3권이고, 또 그것의 원본은 인도 정부 출판국(Publications Division of the Government of India)이 편찬한 90권짜리 간디 전집 《The Collected Works of Mahatma Gandhi》(Navajivan, 1958~1984)이므로, 이 책의 원전은 결국 《The Collected Works of Mahatma Gandhi》라 할 수 있다.
2. 이 책은 간디 사상의 정수를 효과적으로 전달하고자 기본 텍스트를 3부 13장으로 재구성하였다.
3. 각 부와 장의 제목은 주제에 맞게 정리하였고, 소제목들은 《The Collected Works of Mahatma Gandhi》의 원래 소제목들과 《마하뜨마 간디의 도덕·정치사상》의 소제목들을 감안해서 붙인 것이나, 때때로 해당 부분의 내용에 맞게 수정하기도 하였다.
4. 산스끄리뜨를 로마자로 표기할 때는 산스끄리뜨 로마자 표기안을 따랐다. 또 산스끄리뜨와 힌디어, 구자라뜨어 등의 인도어를 한글로 적을 때는 한글 맞춤법에 따르지 않고, 그것의 원래 발음과 최대한 가깝게 표기하는 것을 원칙으로 하였다.
5. 독자의 이해를 돕기 위해 설명이 필요하다고 생각되는 부분에는 괄호를 넣어 옮긴이의 주를 달았다.
6. 이 책의 집필에 참고한 책은 기본 텍스트 이외에 다음과 같은 것들이 있다.

《간디자서전》(M. K. 간디 지음, 함석헌 옮김, 한길사, 1976)

《마하트마 간디》(로맹 롤랑 지음, 최현 옮김, 범우사, 2001)

《마하트마 간디》(요게시 차다 지음, 정영목 옮김, 한길사, 1997)

《Gandhi's Passion: The Life and Legacy of Mahatma Gandhi》(S. Wolpert, Oxford University Press, 2001)

《Indian Critiques of Gandhi》(H. Coward ed., SUNY, 2003)

《The Philosophy of Mahatma Gandhi》(D. M. Datta, The University of Wisconsin Press, 1953)

제 1 부

정치, 진리, 종교 그리고 현대 문명 비판

The moral
and political writings
of Mahatma Gandhi

마하뜨마 간디 (1948년)
본명은 모한다스 까람찬드 간디(1869~1948). 그는 평생 소외된 이들의 편
에 서서 진리와 비폭력을 실천하며 살다 간 20세기 진정한 인류의 성자
였다. '위대한 영혼'이라는 뜻의 마하뜨마는 인도의 대문호 타고르가
붙여 준 이름.

1. 정치를 통한 자아실현

간디는 흔히 인도의 민족 운동 지도자, 인도 건국의 아버지, 비폭력 저항가로 알려져 있다. 그러나 그는 우리가 흔히 볼 수 있는 정치가나 독립 운동가는 아니었다. 간디는 정치에 참여하면서도 속속들이 종교적인 사람이었다. 그는 정치적 행동을 하면서도 항상 인생에서 우리의 최고 목표는 무엇인가, 구원을 받기 위해 우리는 무엇을 해야 하는가를 물었다. 다음 구절은 그런 질문에 대한 간디 스스로의 대답이다.

"인간의 궁극적인 목적은 신을 실현하는 것입니다. 우리의 모든 행위, 즉 사회적, 정치적, 종교적 행위는 신에 대한 비전을 얻는 이 궁극적인 목적에 의해 인도되어야 합니다. 그리고 모든 인류에 대한 즉각적인 봉사가 이 노력의 필수적인 부분이 되어야 합니다. 신을 찾는 유일한 길은 그분을 그의 피조물에서 보고 그 피조물과 하나가 되는 데 있습니다. 이것은 만인에 대한 봉사에 의해서만 가능합니다."

이렇듯 간디는 우리 인간의 삶에서 최고의 목표는 신을 실현하는 것,

즉 신에 대한 비전을 얻는 것이라고 보았다. 여기서 신을 실현한다는 것은 자아를 실현하는 것이고, 해탈을 이루는 것이며, 그것이 바로 구원을 얻는 것이다.

그러면 신은 어디에 있는가? 신은 피조물 속에, 곧 억눌린 민중 속에 있다. 그래서 간디는 신을 찾기 위해서는 억눌린 민중과 하나가 되고, 만인에 대해 봉사해야 한다고 생각했다. 그는 자신의 《자서전: 나의 진리 실험 이야기(An Autobiography: The Story of My Experiments with Truth)》(이하 《자서전》)에서 다음과 같이 말하고 있다. "두루 계시고 속속들이 꿰뚫어 보고 계시는 진리의 영(靈)을 마주 대하려면 가장 하잘것없는 미물도 내 몸처럼 사랑할 수 있어야 한다. 바로 그 때문에 나의 진리에 대한 헌신이 나를 정치로 끌고 들어가게 된 것이다." 다시 말해 간디는 진리의 영인 신을 대하려면 가난과 무지 속에 살아가는 민중을 사랑해야 하고, 민중을 사랑하기 위해서는 정치에 참여해야 한다고 확신했다. 간디에게는 진리와 만인에 대한 사랑, 정치 참여는 서로 나눌 수 없는 하나였으므로, 그는 무엇보다 정치와 종교가 통합되어야 한다고 생각했다. 그것들을 하나로 모으려고 했다는 점에서 간디는 다른 정치가들과 구별되고, 구도자이자 영혼의 지도자로서 강력한 영향력을 발휘할 수 있었다. 그리고 그에게 진리와 사랑을 정치적 목표와 일치시킨 행위가 바로 진리파지 운동이었다.

그러나 인도의 독립 운동에 참여했던 간디의 동지라고 해서 모두 정치와 종교의 통합에 찬성했던 것은 아니었다. 실용주의자 자와할랄 네루 같은 경우는 오히려 정치를 종교에서 분리시키고자 했다.

이 책의 제1장에는 인류에 대한 봉사를 통해 신을 실현하고, 정치 행위를 통해 진리를 구현해야 한다는 간디의 적극적인 정신이 표현되어 있다. 이와 관련된 간디의 사상적 기반은 인도의 전통 사상과 종교에 뿌리를 두고 있는 것이지만, 거기에는 영국의 사회 개혁가 러스킨(John Ruskin, 1819~1900)이나 톨스토이(Leo Tolstoy, 1828~1910) 같은 서양 인도주의 사상가의 영향도 있었다고 할 수 있다.

나는 구도자이네

나는 해탈을 구하는 한 사람의 구도자에 불과하네. 그러나 나의 고행은 충분히 엄혹하지 못하므로 금생(今生, 윤회에서 말하는 현재의 삶)에는 아직 해탈을 얻기에 적합하지 않네. 내가 내 자신의 타오르는 욕정을 통제할 수 있음은 분명하지만, 그것으로부터 완전히 자유로운 것은 아니네. 나는 내 입맛을 통제할 수 있지만, 혀가 좋아하는 음식을 즐기는 것까지는 아직 그만두지 못했다네.

감각을 억제할 수 있는 사람은 자제할 줄 아는 사람이지만, 끊임없는 실천을 통해 대상을 맛볼 수조차 없게 된 사람은 자제하는 것마저 초월해 버린 사람이고 사실상 해탈을 얻은 사람이네. 나는 인도의 자치, 즉 스와라즈를 얻는다고 해도 해탈을 위한 분투를 포기하고 싶지는 않네. 그렇다고 해서 내가 이미 해탈을 얻었다는 말은 아니네. 자네는 내 말에서 많은 결점들을 알아차릴 수 있을 것이네. 나에게는 자치를 얻기 위한 노력조차 해탈을 얻기 위한 노력의 일부라네. 자네에게 이 편지를 쓰는 행위 또한 같은 노력의 일부이고. 내가 편지 쓰는 일을 해탈을 향한 길의 장애물이라 여긴다면, 나는 이 순간 바로 펜을 놓고 말 것일세. 그것이 해탈을 위한 나의 애타는 갈구라네. 하지만 마음이란 술 취한 원숭이와 같아 단순한 노력만으로는 그것을 통제할 수 없네. 우리들의 행동 역시 잘 행해져야 하는 법일세.

— 〈마투라다스 뜨리꿈지에게 보낸 편지(Letter to Mathuradas Trikumji)〉

(1921.11.2)

이 글은 간디가 평소에 잘 알던 지인에게 보낸 편지다. 이 편지에는 해탈에 대한 간디의 입장과 열망이 담겨 있다. 간디는 해탈이란 욕정에서 완전히 자유로운 상태로, 해탈에 도달한 사람을 감각을 자제하는 것조차도 초월한 사람으로 규정하고 있다. 그 사람은 이미 감각을 잘 자제하고 있으므로 더 이상 자제할 것도 없다는 의미다. 이렇게 간디는 해탈을 이루기 위해 가능한 한 감각적인 쾌락에서 멀리 떨어지려고 했다.

간디는 해탈을 매우 귀중하게 여겼기 때문에 인도가 자치를 얻고 난

다음이라도 그것을 포기하지 않겠다고 했다. 민중에 대한 사랑을 실천하기 위해, 또 욕정에서 벗어난 완전한 자유를 위해, 그는 히말라야 산으로 출가하지 않고 세속에 머물러 정치 행위를 했다. 이 점에서 간디는 산이나 수도원에서 수도에 전념하던 보통의 종교인과는 완전히 달랐다.

간디는 공적인 생활을 시작한 뒤에 엄청나게 많은 편지를 주고받았다. 그가 보낸 편지들의 수신자에는 정치가, 종교인, 법률가, 학자, 교육자, 사업가, 예술가, 노동자, 대학생 등이 포함되어 있었으며, 거기에는 네루, 타고르(Rabindranath Tagore, 1861~1941), 처칠(Winston Leonard Spencer Churchill, 1874~1965), 톨스토이, 로맹 롤랑(Romain Rolland, 1866~1944)도 있었다. 간디는 히틀러(Adolf Hitler, 1889~1945)에게도 편지를 썼지만 영국 정부의 금지로 배달에 성공하지는 못했다.

성자도 아니고 정치가도 아니다

그 비판자는 내 안에서 정치가 속성을 본 것을 유감으로 생각하며 내가 성자가 되기를 기대하고 있다. 나는 금생에는 '성자'라는 말이 배제되어야 한다고 생각한다. 성자란 단어는 거룩한 말이므로 어떤 사람에게도 경솔하게 적용되어서는 안 되고, 나 같은 자에게는 더욱 그렇다. 나는 오직 진리를 향한 겸손한 구도자임을 주장할 뿐이며,

로맹 롤랑과 간디(1931년 12월)
프랑스의 유명한 작가이자 사상가 로맹 롤랑(사진 왼쪽). 인권 운동에 많은 공헌을 했던 그는 간디의 비폭력 정신에 크게 감화되어 1924년 간디의 생애를 다룬 전기 문학 《마하뜨마 간디》를 발표했다.

M. K. GANDHI.
Attorney.

21-24 Court Chambers,

Johannesburg, 4th April, 1910
Transvaal
(S. Africa)

Count Leo Tolstoy,
Yasnya Polyana,
Russia.

Dear Sir,
You will recollect my having carried on correspondence
with you whilst I was temporarily in London. As a humble follower
of yours, I send you herewith a booklet which I have written. It
is my own translation of a Gujarati writing. Curiously enough the
original writing has been confiscated by the Government of India. I, there-
fore, hastened the above publication of the translation. I am most
anxious not to worry you, but, if your health permits it and if
you can find the time to go through the booklet, needless to say I
shall value very highly your criticism of the writing. I am sending
also a few copies of your letter to a Hindoo, which you authorised me
to publish. It has been translated in one of the Indian languages
also.

I am,
Your obedient servant,

톨스토이에게 보낸 간디의 편지(1910년 4월 4일)
간디는 위대한 여러 사상가들에게 많은 영향을
받았다. 특히 톨스토이로부터는 사랑과 무저항
의 원리를 정치 영역에도 적용시킬 수 있을 것
이라는 가능성을 배웠다.

As at Wardha
C.P.
India.
23.7.'39.

Dear friend,

Friends have been urging me to write to you for the sake
of humanity. But I have resisted their request, because of
the feeling that any letter from me would be an impertinence.
Something tells me that I must not calculate and that I must
make my appeal for whatever it may be worth.

It is quite clear that you are today the one person in
the world who can prevent a war which may reduce humanity to
the savage state. Must you pay that price for an object
however worthy it may appear to you to be? Will you listen to
the appeal of one who has deliberately shunned the method of
war not without considerable success? Any way I anticipate
your forgiveness, if I have erred in writing to you.

Herr Hitler
Berlin
Germany.

I remain,
Your sincere friend
M K Gandhi

히틀러에게 보낸 간디의 편지(1939년 7월 23일)
간디는 공적인 생활을 시작한 뒤에 많은 이들과
엄청난 양의 편지를 주고받았다. 그는 히틀러에
게도 전쟁의 위험을 호소하는 편지를 썼지만 영
국 정부의 금지로 배달되지 못했다.

나의 한계를 알고 있고, 실수도 하고, 그것을 서슴없이 인정하는 사람이며, 과학자처럼 삶의 어떤 '영원한 진실들'에 대해 실험하고 있음을 솔직히 고백하는 사람이다. 그러면서도 내 자신이 과학자라고는 주장할 수 없는 사람이다. 왜냐하면 나는 방법적인 면에서 과학적 정확성에 대한 분명한 증거를 제시할 수도 없고, 현대 과학이 요구하는 실험의 분명한 결과도 보여 줄 수 없기 때문이다. 내가 성자임을 부인하는 것은 비판자의 기대를 저버리는 일일 것이다.

내 속에 있는 정치가의 측면이, 지금껏 어떤 결정을 내리는 데 그 무엇에도 절대적인 영향을 끼친 적이 없음에도, 다만 내가 정치에 참여하는 듯 보이는 이유라면, 오늘날의 정치가 뱀의 똬리처럼 우리를 휘감고 있어서 아무리 노력해도 그것에서 빠져나올 수 없기 때문이라고 답하겠다. 그가 나의 이 대답을 듣고 유감을 철회하기를 바란다. 의식적인 면에서 나는 1894년 이래 줄곧 정치라는 뱀과 씨름해 왔고, 거기서 다소 성공을 거두기도 했다. 나는 이 씨름을 계속하기를 원한다.

나는 아주 이기적이다. 나는 나를 감싸고 윙윙 소리를 내며 노호하는 폭풍 안에서도 그저 평화로이 살고 싶었다. 하지만 그러면서도 나는 종교를 정치에 도입해 친구들과 더불어 실험을 해 왔다. 종교란 무엇인가를 설명해 보자. 내가 다른 모든 종교보다 더 높게 평가하는 종교는 힌두교가 아니라 그것을 초월하는 종교다. 그것은 사람의 본성 자체를 바꾸는 종교며, 우리를 내면적 진리에 꽉 붙들어 두고 늘 정결하게 만드는 종교다. 그것은 사람의 본성 내부에 있는 불변의 요소로서, 어떤 값비싼 대가를 치르고서라도 자신을 완전히 표현하려고 한다. 그 불변의 요소는 우리 혼이 자기 자신을 찾아내고 그 창조주를 알아낼 때까지, 그리고 그 혼이 자신과 창조주 사이의 진정한 조응(照應)을 인정할 때까지 우리를 철저하게 동요시킨다.

나는 바로 그 종교적 정신에서 동맹 휴업, 즉 하르딸을 떠올렸고, 인도를 각성시키고 교육받은 자를 함께 묶어 주는 것은 문자에 대한 지식이 아니라는 점을 보여 주고 싶었다. 1919년 4월 6일의 파업은 마법처럼 전 인도를 밝혀 주었다. 자신의 잘못을 자각한 정부의 귀에 사탄이 자꾸 공포를 속삭여 발생한 4월 10일의 그 정부 개입만 없었더라면, 인도는 상상조차 할 수 없이 높은 위치에 도달했을 것이다. 그런데 사탄은 정부에 대해 극도의 불신을 품고 있던 민중을 더욱 분노하게 만들었다. 이 파업은 거대한 민중에 의해 진정한 종교적인 정신으로 받아들여졌을 뿐 아니라, 일련의 직접 행동들의 전주곡으로 간주된 것이었다.

그런데 내 비판자는 "그것이 일치를 위해서 작동하는 것은 아니다."라고 말하는 등 그런 직접 행동을 개탄하고 있다. 나는 그 말에 반대한다. 이 지구상에서 직접 행동 없이 달성된 것은 아무 것도 없다. 나는 '수동적 저항'이란 단어를 거부해 왔다. 그것은 만족스런 역할도 하지 못하거니와 그 자체가 약자의 무기로 해석되어 왔기 때문이다. 차라리 나는 나 자신을 약자와 한 편으로 만들어, 약자에게 직접적이고 결연한 행위, 단 비폭력적인 행위를 가르쳐 줌으로써, 그 약자로 하여금 스스로를 강하다고 느끼게 하고 물리력에 도전할 수 있는 능력을 갖게 한다. 그는 투쟁을 위해서 마음을 다잡고, 자신감을 회복하고, 치유책이 자신 안에 있음을 알아 더 이상 복수심을 품지 않으며, 잘못을 고치는 일에 만족할 줄 아는 마음을 배운다.

부처는 두려움 없이 전쟁을 하면서 원수의 진지까지 진격해 갔고 교만한 사제들을 굴복시켰다. 그리스도는 환전상(換錢商)을 예루살렘의 교회에서 쫓아내고 위선자와 바리새인들 위에 천국의 저주를 퍼부었다. 모두 치열한 직접 행동이었다. 하지만 부처와 그리스도는 벌을 주면서도, 자신들의 모든 행위 뒤에는 놓칠 수 없는 온유함과 사랑이 있음을 보여 주었다. 그들은 적들을 향해 손가락 하나 올리지 않았다. 하지만 부처와 그리스도는 몸바쳐 살아온 진리처럼 자신들을 바쳤다. 만일 부처가 지닌 사랑의 힘이 사제를 굴복시키는 일에 충분하다는 점이 증명되지 않았다면 그는 사제에 저항하며 죽었을지도 모른다. 그리스도는 제국 전체의 힘에 도전하면서 십자가 위에서 가시 면류관을 쓰고 죽었다. 만일 내가 비폭력적인 성격의 저항을 벌인다면, 나는 내 비판자가 거명한 위대한 스승들의 발자취를 단순하고 겸손하게 따라갈 따름인 것이다.

— 〈성자도 아니고 정치가도 아니다(Neither a Saint Nor a Politician)〉

《영 인디아(Young India)》(1920.5.12)

한 인도인이 간디에게 편지를 보내, 간디는 성자가 아니라 정치가가 되어 버렸고, 인도 사회 내부의 일치를 끌어내지는 못할망정 보이콧 같은 분열을 일으키고 있다고 비판하면서, 차라리 부처나 그리스도처럼 함께 살아가기 위해서 노력하라고 권한 적이 있었다. 이 권고에 대해 간디는 자신이 발행하던 《영 인디아》의 지면을 통해 위와 같이 답했다. 그 대답에서 간디는 자신이 인도의 독립을 위해서 정치적인 투쟁을 벌일 수밖에 없었지만, 이는 그 자신 속에 있던 "정치가"가 결정한 투쟁이 아니라, 종교적 정신에서 비롯된 투쟁이었다고 설명했다.

간디는 자신은 구도자에 불과할 뿐 성자라고 부르기에는 적합하지 않다면서, 현재의 상황에서는 성자라는 말을 함부로 쓰는 것조차 적절하지 않다고 대답했다. 마하뜨마 간디의 '마하뜨마'는 타고르가 붙여준 이름으로 '위대한 영혼'이란 뜻이다. 이 호칭은 간디를 보는 민중들의 마음에 간디가 하나의 거룩한 인격, 곧 기적을 베풀고 인도의 문제를 처리할 수 있는 거룩한 인격을 지닌 사람이라는 생각을 심어 주었다. 하지만 간디는 성자나 마하뜨마라는 호칭을 진심으로 사양했다. 그는 자신은 특별한 인격도 없고, 종교적인 깨달음도 이루지 못한 보통 사람일 뿐, 예언자나 완전한 존재가 아니라고 생각했다. 성자가 아니라 구도자에 불과하다던 그의 말은 단순한 겸손이 아니라 진심에서 우러난 것이었다. 그럼에도 우리가 간디를 위대한 인물이라고 보는 것은, 그의 위대함이, 그 스스로의 노력 속에서, 즉 진리와 사랑에 대한 실험을 끊임없이 행한 데서 발견되기 때문이다.

위의 글 중간에 나오는 1919년 4월 6일의 파업은 인도 독립 투쟁사의 분기점 중 하나가 되었던 사건이다. 그 당시 인도 민중은 재판 없이도 피의자를 구속할 수 있다는 강압적인 치안 유지법인 롤래트 법안 [Rowlatt Act, 영국인 판사 롤래트(Justice Rowlatt Sydney)가 중심이 되어 제안한 법안으로 정치적 소요, 폭동, 테러 행위를 예비 검속하거나 엄격히 통제하려던 법안]의 통과에 항의하면서 전국적으로 파업을 실행했다. 뻔자브 (Punjab, 인도의 서북부 지역) 주 정부는 4월 10일 국민회의의 지도자인 이슬람교도 두 사람을 인도 방위법에 따라 체포했다. 이 소식이 시 전역에 퍼지면서 하르딸이 선포됐다. 군중은 영국인들의 거주지로 직접 몰려가 석방 요구를 하려 했다. 이때 병사들이 군중을 향해 발포를 했고 사상자가 발생했다. 이에 격분한 군중들은 도시로 몰려들어 정부 건물을 방화하고 유럽인들을 공격했다. 이 과정에서 영국인 은행원 3명이 살해됐고, 폭행당하고 버려진 선교 학교의 여교사 한 명이 사망하기에 이른다. 이 사건으로 4월 11일 영국의 다이어(Dyer) 장군이 이 지역의 지휘권을 부여받고 암리짜르(Amritsar, 뻔자브 주 서부의 도시) 대학살을 일으킴으로써, 대영 제국 투쟁은 커다란 전환점을 맞게 된다. 암리짜르 대학살은 다이어 장군 휘하의 부대가 롤래트 법안의 철회를 요구하는 집회에 참가한 인도인에게 총격을 가한 사건으로, 이 총격으로 3백여 명이 사망했고 천여 명이 부상당했다. 이 대학살은 인도 사회에 마른하늘에 날벼락 같은 엄청난 충격을 주었고, 당시 인도인이라면 절대로 잊을 수 없는 사건이 되고 말았다. 암리짜르 사태에 대한 엄격한 언론 검열 때문에 간디는 6월이 되어서야 학살 규모를 알게 되었다고 하니, 이 편지를 썼을 때는 그 내용을 잘 모르던 시기였다.

간디는 잘못된 법안에 항의해서 벌이는 민중의 파업이나 폐쇄를 부처와 그리스도가 당시 세력가들에 대항해 벌인 저항 행위와 같은 것으로 보았고, 그런 직접 행위야말로 진정으로 삶의 변화를 일으킨다고 생각했다. 그러면서 부처와 그리스도의 경우 적에게 벌을 주면서도 그들을 온유함과 사랑으로 대했다는 점을 밝히며, 바로 이 점을 당시 인도 민중들의 행위와의 차이점으로 들었다. 실제로 간디는 파업 과정에서 일어난 인도인들의 폭력 행위에 경악하며, "히말라야만큼 큰 오산"에 대해 고백하고, 당장 파업을 중지시켜야 한다고 했다. 그래서 간디는 이 글에서도 수동적 저항이 약자의 운동, 곧 폭력을 동반하는 운동으로 오해되기 때문에 그 말을 버린다고 했던 것이다.

여기서 잠깐 주간지에 대해 한마디 해 둘 필요가 있다. 간디는 진리 파지나 스와라즈, 스와데시 등 자신의 운동과 사상을 대중에게 전달하기 위해 잡지를 발간하고 거기에 자주 글을 실었다. 이 글들은 대부분 인도인의 정당한 권리를 주장하고, 동시에 그들이 지닐 수 있는 결점을 지적해서 그것을 잘 고치도록 하는 데 초점을 두었다. 그러한 잡지로 《인디언 오피니언(Indian Opinion)[나탈(Natal), 남아프리카, 1903~1914], 《영 인디아》[아마다바드(Ahmadabad), 인도, 1919~1932], 《나바지반(Navajivan)》(아 마다바드, 인도, 1919~1931), 《하리잔》(아마다바드, 인도, 1933~1948) 등이 있다. 《나바지반》은 다른 사람이 발행하고 있던 구자라뜨어 간행물로서 1919 년부터 간디가 편집을 맡았다. 《하리잔》은 간디가 하리잔, 곧 불가촉천 민 문제를 해결하기 위해서 발행하기 시작했던 주간지다. 하리잔은 '하 리라는 이름의 신에서 태어난 사람들'이라는 뜻으로 불가촉천민을 가 리킨다.

정치권력을 얻지 못해도 할 일은 많다

어느 투고자가 《하리잔》을 통해 논의해 달라고 한 여러 질문 가운 데, 상당 기간을 서류철 속에 보관하고 있던 질문이 있다.

정치권력의 획득 없이는 어떤 위대한 개혁도 성취하기가 불가능 하다고 생각하지 않습니까? 우리는 현재의 경제 구조와도 씨름해야 합니다. 정치적인 구조 조정 없이는 어떤 구조 조정도 불가능할 것

《인디언 오피니언》(1913)과 《하리잔》(1939)
간디는 자신의 운동과 사상을 대중에게 효과적으로 전달하기 위해 이들 주간지를 발간하고 거기에 자주 글을 실었다.

이고, 정백미와 현미, 균형 잡힌 식사 등에 대한 모든 얘기도 허튼
소리가 될까 염려됩니다.

사람들이 일을 하지 못하는 데 대한 변명으로 이런 종류의 논의를
펴는 것을 나는 자주 듣곤 했다. 정치권력 없이 수행할 수 없는 일들
이 있다는 점은 인정한다. 하지만 정치권력에 전혀 의존하지 않는
일도 많이 있다. 바로 그 때문에 소로(Henry David Thoreau, 1817~1862,
미국의 수필가이자 사상가로 자연친화적인 삶을 살며 부당한 정치권력에 맞서 싸
웠음)와 같은 사상가는 "가장 적게 다스리는 정부가 최선이다."라고
했다. 이것은 민중이 정치권력을 장악하게 되면 민중의 자유에 대한
간섭이 최소한으로 줄어든다는 것을 의미한다. 바꿔 말해 어떤 국가
가 많은 간섭을 하지 않고 부드럽고 효과적으로 업무를 처리한다면,
그런 국가야말로 진정으로 민주적이다. 이런 조건이 충족되지 않는
곳에서는 정부의 형태가 명목상으로만 민주적이다.

사상의 자유에 한계나 제한이 없는 것은 분명하다. 오늘날 많은
개혁가들이 새로운 이데올로기를 최대한 강조하고 있다는 점을 상
기할 만하다. 우리 중 몇 사람이나 개혁으로 보이는 것을 지지할까?
현대의 과학자들은 생각의 힘을 인정한다. 그래서 사람은 생각하는
대로 살게 될 것이라고 말한다. 살인에 대해 항상 생각하는 자는 살
인자가 될 것이고, 근친상간을 생각하는 자는 근친상간의 죄를 범하

게 될 것이다. 반대로 진리와 비폭력을 항상 생각하는 자는 진실하고 비폭력적인 사람이 될 것이다. 그리고 신에 전념하는 자는 신과 같은 자가 될 것이다. 이러한 생각의 영역에는 정치권력이 전혀 작동할 수 없다. 때문에 정치권력이 있든 없든 그것이 우리의 수많은 행동들에 조금도 영향을 미치지 않는다는 것이 분명하다. 나는 편지의 투고자에게 다음과 같은 겸손한 제안을 하고자 한다. 자신의 일상적인 행위 전체를 자세히 기록해 보고, 그 행위들 중 많은 것이 일체의 정치권력과 독립되어 행해지고 있음을 꼭 찾아보기 바란다.

사람이 정치적 목표를 실현하기 위해서는 그 목표를 반드시 망각해야 한다. 매사, 매 단계마다 정치적 목표의 관점에서 생각하는 것은 불필요한 먼지를 일으킨다. 그 때문에 나는 비타민, 잎이 많은 채소, 현미를 논의하는 일에 아주 열렬한 관심을 기울일 수 있다. 같은 이유에서 변소를 어떻게 하면 가장 잘 청소할 수 있을지, 지모신(地母神, 본래 인도 신화에서 나온 것으로 만물을 품고 키워 주는 어머니 같은 땅의 신)을 매일 아침 더럽히는 가증스런 죄에서 우리의 민중을 구하는 최선의 방책이 무엇인지를 알아보는 것이 나에게는 아주 흥미진진한 일이 됐다.

하지만 우리의 정치 지도자들이, 커다란 변화를 일으키기 전, 나와 같은 수백만 민중들에게 신이 하사한 선물을 최대한 잘 이용할 수는 없는가? 왜 그들은 자신들의 육신을 봉사에 보다 더 적합한 도구로 만들지 않는가? 왜 그들은 자신의 문과 그 주변에서 먼지와 오물을 청소하지 않는가? 왜 그들은 항상 죄악의 손아귀에 잡혀 자신이나 다른 사람들을 도와주지 않는가?

나는 위대한 봉사를 위해서 자기 몫을 다하는 일에 남녀노소를 불문하고 모든 사람들을 초대하는 바다.

−〈치명적인 오류(A Fatal Fallacy)〉《하리잔》(1936.1.11)

간디는 불가촉천민이나 농민 등 하층 민중의 생활과 사회적 지위를 개혁하기 위해 정치에 참여해야 한다고 믿었다. 하지만 세상을 개혁하는 모든 일에 반드시 정치권력이 있어야 하는 것은 아니므로, 그런 생각은 치명적인 오류라고 말한다. 정치권력을 획득하지 않고도 우리가 할 수 있는 일들은 많다. 진리와 비폭력을 생각하는 것, 신을 생각하는 것, 현미의 이점을 논의하는 것, 주변을 청소하는 것, 병에 걸리지 않게 청결이나 위생에 신경 쓰는 것 등이 우리가 일상적으로 할 수 있는 일이다. 정치와 관련 없는 것으로 보이는 이런 일들이 실제로는 정치를 개선하는 데 도움이 되는 경우가 있다. 그래서 간디는 "사람이 정치적 목표를 실현하기 위해서는 그 목표를 반드시 망각해야 한다."고 말한 것이다.

간디는 소로가 얘기했듯, 적게 다스리는 정부나 국가, 즉 민중의 자유에 대해 가장 적게 간섭하면서 효율적으로 업무를 처리하는 정부나 국가를 가장 민주적이라고 보았다.

　"신이 하사한 선물"은 바로 우리의 육신을 말한다. 간디는 육신에 의한 노동을 통해 이웃과 가족에게 봉사하라고 권유하고 있다.

2. 진리에 대하여

제1장에서 간디는 진리 추구와 사랑, 그리고 정치 참여는 서로 떨어질 수 없는 것이라고 했다. 하지만 진리가 무엇이냐고 묻는다면 누구든 대답하기가 결코 쉽지 않을 것이다. 간디는 평생 진리란 무엇인가에 대해 끊임없이 성찰했고, 그 과정에서 자신의 해답을 발전시켜 갔다. 그는 처음에는 "신이 진리"라고 말했다가 마침내 "진리가 신"이라는 최종적인 입장에 도달하게 됐다. 이런 변화의 핵심은 유신론자와 무신론자 모두가 공감할 수 있는 절대 진리가 있다는 확고한 믿음에 바탕을 둔 것이었다. 그는 때로는 우리 "내면의 목소리"가 진리라고도 말했다.

진리란 무엇인가

《신약성서》의 어느 부분을 보면 재판관이 "진리가 무엇인가?"라고 심문하지만 아무 대답도 얻지 못한다는 이야기가 나온다. 비슷한 예로 힌두교도의 성전은 하리슈찬드라(Harishchandra)에 대해 이야기하고 있는데, 그는 진리를 위해 모든 것을 희생하고, 자신과 아내 그리고 아들을 찬달라(Caṇḍāla, 인도의 최하위 계급인 불가촉천민을 이르는 명칭)인 한 청소부에게 팔았다. 이맘(imām, 이슬람 교단의 지도자를 이르는 명칭) 하산과 이맘 후세인은 진리를 위해서 자신들의 목숨을 바쳤다.

하지만 저 재판관이 제기한 질문이 이제껏 대답을 얻지 못했다는 것은 명백한 사실이다. 하리슈찬드라는 진리를 알아내기 위해 모든 것을 포기했고 그래서 불멸의 명성을 얻었다. 이맘 후세인은 진리를 이해하기 위해 귀한 생명을 버렸다. 물론 하리슈찬드라의 진리와 이맘 후세인의 진리는 우리의 진리일 수도 있고 아닐 수도 있다.

그러나 이들 각각의 진리의 배후에는 하나의 절대 진리가 존재하고, 이것은 전면적이며 모든 것을 포괄한다. 그것은 신이기 때문에 말로 묘사할 수 없다. 달리 말하면 신이 절대 진리다. 신을 제외한 다른 모든 것은 허위 또는 거짓이다. 따라서 다른 것들은 상대적인 의미에서만 진리일 수 있다.

그러므로 진리를 이해하는, 즉 몸과 말과 뜻에서 오직 진리만을 따르는 자는 신을 이해하게 되고, 과거, 현재, 미래에 대해 현자가 갖는 통찰력을 얻는다. 그는 육신의 틀 속에 갇혀 있는 동안에도 해탈을 얻는다.

언제 어떤 조건 아래에서나 진리를 따르고자 열망하는 사람은 성급한 행동을 해서는 안 된다. 진리를 따르는 사람은 무의식중에라도 말과 행동에서 허위를 저지르지 않는다. 이 정의에 따르면 나는 진리로부터 벗어나 있음이 분명하다.

무의식적인 과장에 탐닉하기, 자랑하기, 혹은 업적을 늘어놓는 일에 관심 갖기, 나는 이런 일들을 아직 넘어서지 못했다. 이런 것들은 모두 허위의 그림자를 지녀, 진리의 검증을 견뎌 내지 못한다. 진리의 정신에 전적으로 충만해 있는 삶은 수정처럼 맑고 순수해야 할 것이다. 그런 사람 앞에서 허위는 한 순간도 살아남을 수 없다. 어느 누구도 항상 진리를 따르는 사람을 속일 수 없다. 허위가 그의 앞에서 탄로 나지 않기란 불가능하다. 그러나 지키기가 가장 어려운 서약이 진리 서약이다. 진리를 따르려고 노력하는 십만 명 중 오직 극소수만이 현재 삶의 과정에서 완전하게 성공할 수 있을 것이다.

어떤 사람이 내 앞에서 거짓말을 할 때, 나는 상대방보다 내 자신에게 더 화가 난다. 내 안 어딘가 허위가 여전히 존재하고 있다는 점을 그때야 비로소 깨닫기 때문이다.

진리라는 뜻의 사땨(satya)라는 단어는 '있다', '존재한다'를 의미하는 사뜨(sat)에서 나온 말이다. 오직 신만이 모든 시간에 걸쳐 언제나 동일한 존재다. 이 사땨에 대한 사랑과 헌신을 통해, 진리의 임재(臨在, 나타나고 존재하는 것)에 영원히 자신의 마음을 여는 데 성공을 거둔 자에게는 천 배의 영광이 있을 것이다. 나는 그 진리를 섬기기 위해서 분투했을 따름이다. 나는 진리를 위해서라면 히말라야의 꼭대기에서도 뛰어내릴 용기가 있다고 믿는다. 동시에 나는 여전히 그 진리에서 아주 멀리 떨어져 있음을 알고 있다. 진리를 향해 나아갈수록 나는 내 단점을 그 어느 때보다 뚜렷하게 볼 수 있는데, 그것이 오히려 나를 겸허하게 만든다. 사람은 자신의 무가치성을 알지 못하면 자만심으로 우쭐해질 수 있다. 하지만 그것을 알게 되면 자만심은 녹아 없어진다. 내 자만심은 이미 예전에 사라졌다.

먹든, 마시든, 앉아 있든, 물레를 돌리든, 휴식을 취하든, 무엇을 하든 간에 하루 24시간 내내 진리에 대해 명상하며 분투하는 자는 그의 존재 전체를 진리로 채울 수 있음이 분명하다. 어떤 사람의 마음속에서 진리의 태양이 그 모든 영광을 드러내며 타오른다면 그는 숨겨져 있을 수 없다. 그는 굳이 말을 사용하거나 설명할 필요가 없다. 오히려 그가 발설하는 일체의 말은 힘과 생명으로 그득해서 민중에게 즉각적인 영향을 미칠 것이다. 이런 진리가 나에게는 없다. 나는 이 길을 밟아 가면서, 나무 한 그루 없는 황야의 왕인 아주까리처럼 불행한 처지에 있다.

진리는 사랑 없이 존재할 수 없다. 진리는 비폭력, 브라마차르야, 불투도, 그리고 가난과 무소유 같은 다른 규칙들을 포함한다. 편의상 이 다섯 야마(yama, 계율)만 별도로 언급하는 것이다. 진리를 알게 된 후에 폭력의 죄를 저지르는 자는 진리에서 멀어진다. 진리를 안 사람이 음탕할 수 있다는 것은 태양이 빛나고 있음에도 어둡다는 것만큼이나 생각하기 힘든 일이다. 금년 내에 이렇게 완벽한 진리를 따르는 사람이 한 사람이라도 있다면 자치, 곧 스와라즈는 확실히 이루어질 것이다. 모든 사람들이 그의 말을 법으로 알고 순종할 것이기 때문이다. 태양 빛은 손가락으로 가리킬 필요가 없다. 진리는 그 자신의 빛으로 빛나며 스스로 자신을 증명한다.

이 사악한 시대에 그렇게 완벽하게 진리를 따르기란 어렵다. 하지만 나는 그것이 불가능한 것이 아님을 안다. 우리 가운데 수많은 사람들이 일정 정도나마 진리를 따르기 위해 열심히 노력한다면 우리는 스와라즈를 얻을 수 있다. 만일 우리 중 일부라도 지극한 의식(意識)으로 진리를 추구한다면 스와라즈를 얻을 수 있다.

- 〈진리란 무엇인가(What is Truth?)〉《나바지반》(1921.11.20)

여기서 나오는 재판관은 로마 총독 본디오 빌라도를 지칭하는 것으로 추정되며, 이 이야기는 《신약성서》〈요한복음〉18장에 나온다. 빌라도는 당신이 구하는 진리란 무엇인가라고 물었고 이에 대해 예수 그리스도는 침묵했다. 예수는 왜 침묵했을까? 그는 자신이 무슨 말을 하더라도 빌라도가 알아듣지 못할 것이라 생각했는지도 모른다. 하리슈찬드라는 인도 신화 속에 등장하는 왕으로, 말한 것은 반드시 지키고 거짓말은 결코 하지 않는 성격을 지녔다. 그는 자신의 왕국을 양도하겠다는 성자와의 약속을 지키기 위해서 정말로 그의 왕국을 포기하고 아내와 아들을 판다. 하지만 그의 정직한 행위에 감동한 신들이 다시 그에게 아내와 아들을 돌려준다. 간디는 어릴 때 이러한 내용의 하리슈찬드라 연극을 보고 깊은 감명을 받은 적이 있다. 이맘 하산과 이맘 후세인은 자신들의 신념을 지키기 위해 기존 권력에 대항했으나 무참히 살해당한 이슬람교의 대표적 순교자들이다.

앞서 얘기했지만, 간디는 우리가 말하는 일반적인 진리의 배후에는 하나의 절대 진리가 존재한다고 보았다. 간디에 따르면 진리라는 뜻의 사뜨는 존재를 뜻하는 사뜨에서 나왔고, 여기서 진리는 곧 신을 뜻한다. 오직 신만이 시간의 흐름 속에서도 변하지 않는 불변의 존재이기 때문이다. 그러므로 인간은 진리와 신을 위해 자신의 생명까지도 바쳐야 하고, 비폭력을 뜻하는 아힘사 등의 다섯 규칙을 준수해야 한다.

하지만 여전히 진리는 구체적인 것이 아닐 수 있다. 그래서 간디는 때때로 부정(否定)의 방법을 사용해서 진리가 아닌 것, 곧 허위가 무엇인가에 대해 말함으로써 진리를 밝히고자 했다. 허위에는 성급함, 과장, 자랑하기, 거짓말, 폭력, 음탕함 등이 있는데 이것들을 벗어날 수만 있다면 진리에 도달할 수 있다는 것이다. 그리고 진정으로 진리를 얻은 사람들이 존재한다면 그들은 태양처럼 빛날 것이므로 민중은 그들을 금방 알아볼 것이고, 또한 그들은 민중에게 금세 영향을 미칠 수가 있을 것이라고도 했다.

이 글의 마지막에 간디는 다섯 규칙을 잘 지키면서 진리를 따르는 사람이 단 한 사람이라도 있다면, 인도의 자치는 이루어질 수 있다고 강조했다. 다시 말해 이것은 그가 개인의 도덕을 도덕적 사회의 전제 조건으로 본 것이라 하겠다.

진리가 신이다

간 디   신이 사랑이라고 말하는 분께 저 역시 "신이 사랑이다."라고 말할 것입니다. 하지만 제 마음 깊은 곳에서는 무엇보다 "신은 진리다."라고 말할 것입니다. 한데 2년 전 저는 한 걸음 더 나아가 "진리가 신이다."라고 말했습니다. "신이 진리다.", "진리가 신이다."라는 두 말 사이에는 미묘한 차이가 있음을 여러분은 알게 될 것입니다.

진리로 가는 지름길은 곧 사랑을 거치는 길임을 저는 알았습니다. 그러나 적어도 영어에서 말하는 사랑(love)에는 많은 의미가 있다는 것, 그리고 정욕을 가리키는 인간적 사랑은 품위가 떨어지는 말이라는 것도 알았습니다. 아힘사를 의미하는 사랑은 이 세상에 오직 제한된 수의 신봉자만 갖고 있다는 사실도 알았습니다. 나는 진리를 추구해 나가는 중에 "신이 사랑이다."라는 주장과 논쟁을 벌이지는 않았습니다만, 사랑에는 다양한 의미가 있기 때문에 단순히 "신이 사랑이다."라는 말은 이해하기 어렵습니다.

그러나 진리라는 말에서는 이중의 의미를 보지 못했습니다. 무신론자조차도 진리의 필연성이나 진리의 힘을 부정하지는 않습니다. 하지만 무신론자들은 진리를 찾고자 하는 열정에서 신의 존재 자체를 서슴없이 부정했습니다. 이것은 그들 자신의 관점에서만 옳은 일입니다. 제가 "신이 진리다."라고 해서는 안 되고 "진리가 신이다."라고 해야 한다는 것을 알게 된 것도 무신론자들의 논법 덕택입니다.

그러나 그보다 더 큰 어려움이 있으니, 그것은 수백만의 사람들이 신의 이름을 빌려 그것으로 이름 모를 잔혹한 행위를 저지른다는 것입니다. 심지어 과학자들도 진리의 이름으로 잔인한 짓을 가끔씩 저지릅니다. 오늘날 진리와 과학의 이름으로 생체 해부라는 비인간적인 행위가 동물에게 가해진다는 것을 저는 알고 있습니다. 여러분이 그분을 진리라고 인정하든 아니면 다른 이름으로 인정하든 저에게 그런 행위는 신의 부정입니다. 여러분이 신을 어떻게 묘사하든 사람의 길에는 이런 어려움들이 있다는 것을 저는 알고 있습니다. 그러나 인간의 마음엔 한계가 있습니다. 여러분이 인간의 힘으로 파악할 수 없는 존재 또는 실체에 대해 생각할 때, 실은 모두 그 한계 내에서 수고하는 것일 뿐입니다.

여러분이 신으로서 진리를 찾고 싶을 때 불가피한 단 하나의 길은 사랑, 곧 비폭력입니다. 그리고 저는 수단과 목적이라는 말이 궁극적으로는 교환 가능한 용어라고 믿고 있으므로 주저 없이 "신은 사랑이다."라고 말할 것입니다.

질문자　진리란 무엇입니까?

간　디　어려운 질문입니다. 하지만 진리란 내면의 목소리가 우리에게 이야기하는 것이라고 생각함으로써 저 자신은 그 문제를 해결했습니다. 그렇다면 서로 다른 사람들이 왜 다른 진리, 심지어는 반대의 진리를 생각하느냐고 여러분은 물을 것입니다.

인간의 마음이 수없이 다양한 방식으로 움직인다는 것, 그리고 그 마음의 나아감이 모든 사람들에게 동일하지 않다는 것을 안다면, 한 사람에게 진리인 것이 다른 사람에게는 허위일 수 있다는 결론이 나옵니다. 따라서 이런 실험을 한 사람들은 실험을 할 때 일정한 조건을 따라야 합니다. 과학에서도 모두에게 공통되는 불가결한 과정이 존재하듯이, 영적인 영역에서 실험하려는 사람들 역시 일정한 조건을 따라야 한다는 것이 진실입니다. 그리고 모든 사람들이 말하듯이 본인에게 길을 일러 주는 것은 자신 내면의 목소리이기 때문에 여러분은 그것에 귀를 기울여야만 합니다. 그러면 여러분은 그 길을 걸으며 자신의 한계를 발견하게 될 겁니다.

우리는 끊임없는 경험에서 비롯된 신념을 지니고 있습니다. 진리, 곧 신을 열심히 추구하는 사람들은 반드시 다음과 같은 서약을 통과해야만 한다는 신념이 바로 그것입니다. 진리를 말하고 생각하는 서약, 즉 진리 서약, 브라마차르야와 청빈(淸貧), 가난과 무소유에 대한 서약이 바로 그것입니다. 만일 여러분이 진리 서약을 포함한 다섯 서약을 맹세하지 않았다면 여러분은 실험에 착수조차 한 것이 아닙니다. 다른 몇몇 사항들이 더 있지만 여러분에게 그것들을 모두 말씀드리지는 않겠습니다. 하지만 이런 실험을 해 온 사람들은 양심의 소리를 듣는다고 주장하는 모든 사람들이 전부 옳은 것은 아니라는 점을 알고 있습니다. 어지러운 세상에 엄청나게 많은 허위가 전달되고 있는 이유는, 아무 수양도 하지 않은 사람이 바로 이 순간 우리에게 양심의 권리를 주장하고 있기 때문입니다. 그러므로 제가 아주 겸허하게 여러분에게 제시할 수 있는 것은, 겸손의 의미를 충분히 터득하지 못한 자들은 진리를 발견할 수 없다는 것, 그것이 전부입니다. 만일 여러분이 진리의 바다라는 품안에서 헤엄치기를 원한다면 여러분은 여러분 자신을 무(無)로 줄여 가야 합니다.

질문자 무저항(non-resistance)과 당신이 말하는 폭력 없는 저항의 차이는 무엇입니까?

간 디 흔히들 제가 비폭력(non-violence)의 교의를 톨스토이에게 서 얻어 왔다고 이야기합니다만 모두 사실은 아닙니다. 하지만 제 가 그의 글에서 매우 커다란 힘을 얻은 것만은 사실입니다. 그러나 톨스토이 자신이 인정했듯이, 제가 남아프리카에서 갈고 닦은 무저항의 방법은 톨스토이가 글을 쓰고 권했던 무저항과는 달랐습니다. 톨스토이는 주로 수동적 저항에 대해 말했습니다만, 제가 트란스발(Transvaal, 1848년 네덜란드계 백인인 보어인에 의해 남아프리카에 세워져 1852년 영국으로부터 독립을 인정받은 공화국)에서 다듬은 무저항은 무장한 사람들이 생각할 수 있는 저항에 비하면 무한히 능동적인 힘이었습니다.

질문자　무저항은 굴종(屈從)이 아닙니까?

간 디　수동적 저항은 약자의 무기로 오해받고 있습니다. 하지만 제가 생각한 저항은 무저항, 즉 사땨그라하라는 것으로 그것은 어떤 형태로든 약자의 무기가 아니라 최강자의 무기로 인식되는 것입니다. 영어에는 그런 말이 없기도 하고 그것이 수동적 저항이란 말과 혼동되어서도 안 되기 때문에 새 이름을 붙였습니다. 사땨그라하의 비할 데 없는 아름다움은, 강한 마음만 지니고 있다면 신체가 약한 사람들, 아주 나이 많은 분들이나 심지어 어린애들에 의해서도 그것이 발휘될 수 있다는 점에 있습니다. 사땨그라하를 통한 저항은 자기 고통을 통해 실행되므로, 무엇보다도 여성들에게 활짝 열린 무기입니다. 유럽의 여성들과 아이들이 인류에 대한 사랑으로 불타올라, 우리 남자들이 무장함으로써 잘못을 범하고 있다는 점을 계속 지적한다고 가정해 봅시다. 그들은 남자들을 매

료시킬 것이고, 믿을 수 없을 정도로 단시간에 군국주의를 없애
버릴 것입니다. 그 배후의 이념은 아이들, 여성, 그 밖의 모든 사
람들이 동일한 혼, 동일한 잠재력을 가지고 있다는 것입니다. 문
제는 진리의 무한한 힘을 끌어내는 일입니다.

-〈로잔느 모임에서의 연설(Speech at Meeting in Lausanne)〉

《영 인디아》(1931.12.31)

이것은 스위스 로잔느에서 있었던 간디의 연설, 청중의 질문, 간디의
대답으로, 《영 인디아》에 실린 글이다. 청중은 주로 양심적 병역 거부
자들이었다.

간디는 이 연설에서 신이 진리라고 말하는 대신 진리가 신이라고 말
하게 된 과정과 그 이유를 설명하고 있다. 간디가 그 변화의 시점까지
를 분명히 기억하고 있는 것을 보면 이 변화는 그에게 아주 중요했던
것임에 틀림없다. 변화의 이유는 크게 두 가지다. 무신론자도 진리를
추구하고 있다는 것이 그 첫 번째고, 신이나 종교라는 이름으로 벌어진
전쟁이나 참상이 많았다는 사실이 두 번째다. 그러나 간디는 진리는 사
랑을 통해 이뤄지는 것이므로 진리는 사랑이라고도 말할 수 있으나 이
때의 사랑은 정욕과는 반드시 구별돼야 한다고 했다.

간디는 또한 진리가 무엇이냐에 대한 질문에 그것은 우리 내면의 목
소리라고도 답했다. 내면의 목소리 또는 양심의 권리를 말할 수 있으려

면 순결한 마음과 무소유 등 다섯 서약을 지켜야 한다. 그것을 지키지 않으면서 내세우는 내면의 목소리나 양심의 권리는 모두 허위라고 보았다.

간디에게 진리파지와 비폭력, 무저항은 같은 말이었다. 위의 글에도 언급됐듯, 간디는 톨스토이에게 비폭력 사상을 배웠지만 간디의 무저항은 톨스토이의 수동적 저항에서 한 단계 나아간 것이었다. 즉 간디는 비폭력 무저항은 수동적 저항이나 억압받는 사람들의 폭력적인 저항에 비해 무한히 능동적인 것이며, 내면의 목소리에 바탕을 둔 가장 강한 사람의 무기이므로, 신체의 힘이 강한 남성보다도 육체적 힘이 약한 여성, 아이들, 노인들이 실현하기에 더욱 적합하다고 주장했다.

3. 종교에 대하여

간디는 힌두교도였지만 현실의 힌두교에는 결점이 있다고 생각했고, 모든 종교 정신을 아우르는 종교를 더 높이 평가했다. 간디는 부처와 예수에 대해서도 깊은 존경심을 품었고, 배울 점은 배우고자 했다. 간디는 서로 다른 종교들 사이의 평등과 일치를 믿었다. 또한 그는 홀로 존재하면서 만물을 지배하는 신의 존재와 기도의 필요성에 대해 많은 연설을 했고, 《영 인디아》 등을 통해 사람들의 질문에 답변하기도 했다.

나는 왜 힌두교도인가

나는 미국 친구들에게 '답례'로서 힌두교에 대해 '말해 줄' 것이 아무 것도 없다. 특히 나는 개종을 기대하면서 다른 사람들에게 자신의 신앙에 대해 말하는 사람들을 믿지 않는다. 신앙이란 말하기를 허락하지 않는다. 신앙은 먼저 그 속에서 살아야 하는 것이고, 그렇게 되면 그것은 스스로 전파된다.

　나는 나 자신의 삶으로써 증명할 수 있는 것을 제하고서는, 힌두교를 해석하는 데 스스로 적합한 사람이라 여기지 않는다. 나는 내가 쓴 글을 통해 힌두교를 해석하지 않을 것이며 그것을 기독교와 비교하지도 않을 것이다. 내가 할 수 있는 유일한 일은 내가 왜 힌두교도인지를 가능한 짧막하게 설명하는 것뿐이다.

　나는 힌두 가정에 태어나 세습의 영향을 받고 힌두교도로서 계속 살아 왔다. 나는 힌두교가 내 도덕적 감성이나 영적 성장에 부합하지 않는다는 점을 알았다면, 그것을 진작 거부했을 것이다. 그러나 검토해 보니 힌두교는 내가 아는 어떤 다른 종교보다도 관대했다. 힌두교는 신자에게 자기표현을 할 수 있도록 최대의 영역을 주고 있는 만큼, 도그마(dogma, 독단적인 신념이나 학설, 교리 등을 통틀어 이르는 말)에서 자유롭다는 점이 나에게 강한 호소력을 발휘했다. 힌두교는 배타적인 종교가 아니므로 그 신앙의 추종자들에게 다른 모든 종교를 존중하게 해 줄 뿐만 아니라, 다른 신앙들 안에 있는 것이라고 해도 좋은 것이면 무엇이든 존경하게 하고 흡수하게 한다. 비폭력은 모든 종교에 공통되지만 그 최고의 표현과 응용은 힌두교 안에서 발견된다. 참고로 나는 자이나교(Jainism, 비살생과 금욕주의를 내세우는 인도 종교의 하나로 불교와 유사)나 불교를 힌두교에서 분리된 것으로 간주하지 않는다.

힌두교는 모든 인간의 하나됨만을 믿는 것이 아니라, 살아 있는 모든 것의 하나됨을 믿는다. 내 의견으로 소에 대한 숭배는 박애주의의 발전에 독특한 기여를 하고 있다. 그것은 모든 생명의 하나됨에 대한 신념을, 모든 생명의 신성에 대한 신념을 실제로 응용한 결과다. 윤회에 대한 위대한 믿음은 그 신념의 직접적 결과다. 마지막으로 바르나슈라마(vamashrama, 사회의 네 계층 가운데 노예 계층인 수드라를 제외한 세 계층, 즉 브라만, 끄샤뜨리아, 바이샤 등이 밟아야 할 이상적인 인간 삶의 네 단계를 말하는 것으로 궁극적으로는 목샤, 즉 해탈을 실현하기 위한 단계들을 뜻함)의 발견은 진리를 향한 끊임없는 추구의 놀라운 결과다. 나는 이 글에서 간단히 말한 핵심 사항들에 대해 정의하려고 하지 않겠다. 다만 소의 숭배와 바르나슈라마에 대해 사람들이 현재 품고 있는 생각은 시원적인 것을 조롱하고 있는 것임을 분명히 말하고 싶다.

– 〈나는 왜 힌두교도인가(Why I am a Hindu)〉《영 인디아》(1927.10.20)

인도를 평생의 친구라 여기고 있던 미국인 한 사람이 간디에게 편지를 보내 힌두교를 해석해 줄 것과 그것을 그리스도의 가르침과 비교해 줄 것을 부탁했는데, 이에 대한 자신의 답을 간디가 《영 인디아》에 실은 것이다. 간디는 이 글에서 자신이 힌두교 신자라는 사실을 긍정적으로 표현하면서 힌두교의 장점은 다른 종교를 존중하는 관대함에 있으며, 심지어 그것은 다른 종교에서 좋은 점을 배우는 것까지도 허용해

준다고 말하고 있다. 그래서 간디는 비폭력의 가르침이 모든 종교에 공통된 것이지만 무엇보다 힌두교 안에서 가장 잘 표현되고 응용되어 왔다고 말하고 있다.

부처의 위대한 포기

여러분은 잘 모르시겠지만, 제 장남이 저를 부처의 신도라고 비난했습니다. 그리고 힌두교도 동료들 중 일부도 제가 불멸의 힌두교라는 이름 아래 불교의 가르침을 확산시키고 있다고 저를 주저 없이 비난했습니다. 저는 제 자식의 비난과 힌두교도 친구들의 비난에 공감합니다. 그리고 때때로 저는 부처의 신도라는 비난을 듣는 것이 자랑스럽습니다. 이 자리의 청중 앞에서 저는 부처의 삶에서 얻은 영감에 제 자신 크게 힘입었음을 망설임 없이 선언하는 바입니다. 캘커타(Calcutta)에 세워진 새로운 사찰의 기념식에서도 이와 같은 견해를 밝힌 바 있습니다. 저는 그때 모인 청중들에게, 불교라는 이름으로 통용되던 것들이 인도에서는 추방되었는지 몰라도, 부처의 삶과 가르침은 결코 추방되지 않았다고 말씀드렸습니다.

부처의 가르침 가운데 핵심 부분이 힌두교의 중심 부분을 이룬다는 것이 제 신중한 견해입니다. 오늘날 힌두교도가 살아가는 인도는, 과거로 발걸음을 되돌릴 수 없으며 고따마(Gautama, 부처가 속했던 종족의 이름으로 오늘날 대부분 부처를 뜻함)가 힌두교에 가져온 위대한 개혁 이전으로 돌아갈 수 없습니다. 부처는 엄청난 희생, 위대한 포기, 그리고 티 없이 순결한 삶을 통해서 힌두교에 지울 수 없는 각인을 남겼습니다. 힌두교는 이 위대한 스승에게 영원히 감사의 빚을 지고 있습니다. 여러분이 용서해 주신다면, 아니 허락해 주신다면, 오늘날 불교로 통용되는 것 중 힌두교가 흡수하지 못한 것은 부처의 삶과 가르침에서 핵심 부분이 아니었다는 사실을 감히 말씀드리고 싶습니다.

부처는 결코 힌두교를 거부한 적이 없으며 오히려 그 토대를 넓혔습니다. 힌두교에 새로운 생명과 새로운 해석을 내렸습니다. 여기에서 저는 여러분의 용서와 넓은 아량이 필요한 말씀을 한마디 드리고자 합니다. 저는 부처의 가르침이 스리랑카, 미얀마, 중국, 아니면 티베트에서 완전하게 흡수되지 않았다는 점을 말씀드리고 싶습니다. 저는 제 한계를 잘 알고 있으므로 불법에 대한 학식이 있다고 주장하지는 않겠습니다. 하지만 제가 제 마음이 믿는 바를 사실대로 말하지 않는다면 그것은 여러분에게도 그리고 나 자신에게도 잘못이 될 것입니다.

여러분을 비롯, 인도 외부에서 자신을 불교도라고 부르는 사람들은 분명 부처의 가르침을 매우 광범위하게 받아들였을 것입니다. 하지만 여러분의 삶이나, 스리랑카, 미얀마, 중국 또는 티베트에서 온 친구들의 삶을 꼼꼼히 검토해 보면, 제가 부처의 삶에서 중심적 사실로 이해해 온 것과 여러분의 실천 사이에 수많은 불일치가 존재함에 당혹감을 느끼지 않을 수 없습니다.

또한 저는 방금 머릿속에 떠오른 세 가지 중요한 요점을 빨리 검토하고 싶어졌습니다. 첫째, 만물에 두루 퍼져 있는 섭리에 대한 믿음입니다. 이것은 신으로 불립니다. 저는 그것이 도전받고 있다는 말을 수도 없이 들어 왔습니다. 불교 정신을 표현한다고 하면서도 부처가 신을 믿지 않았다고 주장하는 책도 읽었습니다. 제 소견으로는 그런 신념은 부처의 가르침에 들어 있는 중심적 사실을 거스르는 것입니다. 그런 혼란은 부처가 당시 신의 이름으로 통용되던 모든 속된 것들을 부정했던 데서, 오직 그러했던 데서 일어났습니다.

부처는 다음과 같은 신의 관념, 즉 신으로 불리던 존재가 악의에 의해 움직이고, 신이 스스로 저지른 행위를 회개하기도 하고, 지상의 왕들과 같이 유혹에 빠지거나 뇌물을 받아먹을 수 있으며, 가능한 한 좋아하는 것을 가질 수 있다는 관념을 분명히 부정했습니다. 당시 사람들은 신으로 불리는 존재가 자신의 만족과 기쁨을 위해서 자신의 피조물인 동물의 생피를 요구한다고 믿었습니다. 이런 믿음에 대해 부처의 혼 전체가 분기탱천(奮起撑天)했습니다. 그래서 그는 신을 올바른 위치로 복위시키고, 잠시 흰색 왕관을 쓰고 있었던 찬탈자를 폐위시켰습니다. 그는 이 우주의 도덕적 통치가 변함없이 영원히 존재한다는 사실을 강조했습니다. 그리고 주저 없이 그 법칙이 신 자신이라고 말했습니다.

신의 법칙은 영원하고 불변하며 신 자신과 분리될 수 없습니다. 그것은 신 자신의 완전성을 위해 없어서는 안 될 조건입니다. 그래서 부처는 신을 믿지 않고 그저 도덕 법칙만을 믿은 것이라는 엄청난 혼란이 생겨났으며, 신 자신에 대한 이런 혼동 때문에 열반(涅槃)이라는 위대한 말을 올바르게 이해하는 데 혼란이 발생했습니다. 열반은 결단코 모든 것의 극단적인 절멸(絕滅, 아주 없앰)이 아닙니다. 제가 부처의 삶에서 중심을 차지하고 있던 사실을 이해할 수 있는 범위에서 말씀드리자면, 열반은 우리 안에 있는 속된 것의 극단적인 절멸, 우리 안에 있는 사악한 모든 것의 절멸, 우리 안에서 이미 부패한 것 그리고 부패할 수 있는 모든 것의 절멸입니다. 열반은 무덤 속의 까맣게 죽은 평화 같은 것이 아니라 생동하는 평화, 그 자신을 의식하며 영원한 존재의 마음에서 자신이 안주할 장소를 찾음을 의식하는 영혼의 생동하는 행복입니다.

세 번째 요점은 모든 생명 속에 있는 신성성이라는 관념이 인도 외부로 나가면서 낮은 평가를 받게 되었다는 점입니다. 신을 그분의 영원의 자리에 회복시키는 과정에서 부처가 보여 준 인류에 대한 기여가 큰 것은 사실입니다. 하지만 제 의견으로는 부처가 인류에 보다 더 크게 기여한 점은, 그가 아주 비천해 보이는 생명까지 포함해 모든 생명체에 대한 존중을 엄밀하게 요구했다는 점에 있습니다. 부처는 인도가 보다 높은 곳으로 올라가기를 기대했습니다. 하지만 그의 인도는 그런 높이까지 올라가지 못했음을 저는 알고 있습니다. 그러나 부처의 가르침이 불교가 되어 인도 외부로 전파되었을 때, 동물의 생명이 갖는 거룩함은 보통 인간의 생명이 갖는 거룩함과는 다른 것을 의미하게 되었습니다. 미얀마에서 불교도들은 한 마리의 동물도 죽이지 않을 것입니다. 하지만 그곳 사람들은 다른 사람들이 그들을 위해 동물을 죽이거나 죽은 동물의 고기를 먹으라고 담아 주는 일에 대해서는 상관하지 않습니다.

인과의 냉엄한 법칙을 역설했던 스승이 이 세상에 있다면 그는 분명 부처일 것입니다. 그리고 친구 여러분, 인도 외부의 불교도들은 할 수만 있다면 그들 자신의 행위가 빚은 결과를 피하려고 할지도 모릅니다. 저는 여러분의 인내력에 부당한 긴장을 강요할 생각은 없습니다. 여러분에게 진지하고 겸손한 마음으로 몇 가지 요점들을 제시한 것은 다만 여러분이 보다 깊이 생각해 주기를 바라는 마음에서입니다.

－〈콜롬보 비드요다야 대학에서의 불교도들의 연설에 대한 답사

(Speech in Reply to Buddhists' Address, Vidyodaya College, Colombo)〉

《영 인디아》(1927.11.24)

간디는 스리랑카나 미얀마에 강연 초청을 받을 정도로 당시 불교도 사이에서 불교의 옹호자로 널리 알려져 있었다. 그는 고대 인도인들의 잘못된 믿음, 희생물을 바치는 그릇된 행동의 모순을 부처가 깨우쳐 줬다고 말하면서 부처의 살생 금지를 높이 평가했다. 결국 부처와 불교에 대한 간디의 말을 모아 보면, 간디의 비폭력 운동도 이런 부처의 정신을 계승하고 있다는 점을 알 수 있다.

하지만 간디는 불교 국가인 미얀마나 스리랑카의 불교도들이 부처의 이런 가르침을 충분히 실천하고 있지 않고, 인간 이외의 생물이 지닌 생명의 거룩함을 충분히 이해하고 있지도 않은 점을 비판하고 있다. 그래서 간디는 우주의 도덕적 통치가 영원히 존재하며 법이 신 자신이라고 했던 부처의 생각을 얘기한다. 물론 진리가 신이라는 관점에서라면 그런 신은 불교에서도 인정될 수 있다. 그러나 부처가 법이 곧 신 자신이라고 말했다는 부분에 대해서는 불교학자들이 동의하기 어려울 수도 있다. 다시 말하자면 '신이라는 법칙의 존재와 신 자신의 존재는 분리될 수 없다.'는 견해나 부처가 신을 믿었다는 견해는 문제가 될 수 있다는 소리다. 부처가 우주의 법칙이 있다는 점에 대해서는 시인했지만, 신의 존재에 대해서는 적극적으로 인정하지 않았다고 보는 것이 더 일반적인 견해이기 때문이다. 불교에서는 존재의 문제에서, 제법중연생(諸法衆緣生), 즉 '모든 것은 둘 이상의 인연에 의해 생긴다.'는 인과(因果)의 원리를 더 중요하게 여긴다. 부처가 믿었다는 신이 둘 이상의 원인에서 생긴 존재가 아니라, 만물의 궁극적인 원인으로서 스스로 존재하는 인격이라면, 그런 신의 존재는 불교에서 인정하기 어려웠을 것으로 보인다.

예수의 산상 설교

내가 이해하기로는 예수의 메시지는 산상 설교(山上說敎)에 손상 없이 담겨 있습니다. 그리고 내 생각으로는 그것이 서양에서 왜곡되었습니다. 주제넘은 일로 보일지도 모르겠으나, 나는 감히 진리의 귀의자로서 느낀 바를 망설이지 않고 말씀드리겠습니다.

종교는 다른 사람과 자신의 관계가 아니라 결국 자신과 자신의 창조주 사이의 문제입니다. 하지만 나는 오늘 저녁 내 생각을 여러분과 나누고 싶은 마음이 아주 간절합니다. 나는 진리 추구에 있어 여러분의 공감을 얻고 싶기도 하고, 수많은 기독교 친구들 또한 예수의 가르침에 대한 내 생각에 관심을 갖고 있기 때문입니다. 산상 설교와 그것에 대한 내 해석만을 따르자면, 나는 누가 물어도 스스럼 없이 "예, 나는 기독교도입니다."라고 말했을 것입니다. 하지만 기독교로 통용되는 것 중 많은 부분이 산상 설교의 부정이라는 점을 말씀드립니다. 여기서 나는 현재 기독교도들의 행위를 말하고 있는 것이 아니라 서양에서 이해되는 바의 기독교 신앙, 즉 기독교에 대해 말하고 있는 것입니다.

어디서든 행위가 믿음에 훨씬 미치지 못하고 있다는 사실을 나는 뼈저리게 자각합니다. 하지만 이것을 비판의 말로는 듣지 마십시오. 내가 1893년 남아프리카에서 독실한 학생으로서 기독교 서적을 공부하기 시작했을 때, 나는 "이것이 기독교냐?"는 자문에 항상 "이것도 기독교가 아니고, 저것도 기독교가 아니다."는 식의 대답을 얻었습니다. 그리고 내 속의 가장 내밀한 부분은 내 생각이 옳다고 말해주었습니다.

나는 스스로 신앙과 기도의 사람이라고 자처합니다. 내가 수천 개의 조각들로 부서지는 한이 있더라도, 신은 나에게 그분을 부인하지 않고 그분이 존재한다는 점을 주장할 수 있는 힘을 주실 것입니다. 이슬람교도들은 신만이 존재하며 그 외에는 아무도 없다고 말합니다. 기독교도 역시 동일하게 말하며 힌두교도도 마찬가지입니다. 내가 말씀드려도 될지 모르겠지만 심지어 불교도들 역시 말은 다르지만 같은 내용을 이야기합니다.

우리는 신이라는 말에 대해 각기 다른 우리 자신의 해석을 붙입니다. 신은 이 자그마한 우리 지구만이 아닌 그와 같은 수백만 수십억 개의 지구를 포괄하고 계십니다. 신은 우리를 지극히 무력한 존재로 창조하셨습니다. 땅 위를 벌벌 떨며 기어 다니는 우리가 어떻게, 우리가 도대체 어떻게 그의 위대함, 무한한 사랑, 그리고 무량한 자비를 헤아릴 수 있겠습니까? 어떻게 그분이 인간으로 하여금 무례하게 그분의 자비를 부정하도록 허용하시고, 그에 관해서 논쟁을 벌이도록 하시고, 동료의 목을 자르도록 허용하셨다고 할 수 있겠습니까? 어떻게 그다지도 관대하시고 그다지도 거룩하신 분을 우리가 헤아릴 수 있겠습니까? 우리가 진정으로 정화되기 위해서는 우리의 삶을 통해 직접 그것을 증명하는 길밖에 없습니다. 모든 사람들이 우리의 삶을 연구할 수 있도록 열린 책처럼 사십시오. 선교사 친구들이 선교에 대해 이런 견해를 가질 수 있도록 잘 설득할 수 있으면 좋으련만. 그렇게 되면 불신, 의심, 질투, 분열 등은 전부 사라질 것입니다.

예수의 가르침을 현대 문명이라 불리는 것과 혼동하지 마십시오. 그리고 여러분과 운명을 같이하는 사람들에게 무의식의 폭력을 행사하지 않도록 기도하십시오. 동양인의 삶을 그 뿌리에서 분리하는 일이 여러분의 소명은 아니라는 점을 나는 여러분에게 확신시켜 줄 수 있습니다. 그들 안에 있는 모든 좋은 점에 대해 관대한 마음을 갖고, 여러분의 선입견으로 그들을 성급하게 재단하지 마십시오.

남에게서 판단 받고 싶지 않으면 남을 판단하지 마십시오. 서양 문명의 위대성에 대한 여러분의 믿음에도 불구하고, 여러분의 모든 업적에 대한 자부심에도 불구하고, 나는 여러분에게 겸손하기를 간청합니다. 여러분에게 의심을 위한 작은 공간을 남겨 두기를 요구합니다. 그 공간에는 테니슨(Alfred Tennyson, 1809~1892, 영국의 시인)이 노래했듯 진리가 더 많이 들어 있습니다. 물론 테니슨에게 '의심'은 좀 다른 것을 의미했을 테지만 말입니다. 각자 자신의 삶을 살도록 합시다. 삶을 올바르게 살고 있다면 서둘러야 할 이유가 어디에 있습니까? 올바른 삶이라면 시키지 않아도 제 스스로 잘 굴러갈 것입니다.

젊은 스리랑카 친구 여러분에게 말씀드립니다. 서양에서 오는 저 휘황찬란한 빛에 눈멀지 마십시오. 지나가는 볼거리 때문에 여러분의 발판을 차 버리는 짓은 하지 마십시오. 저 깨달은 분, 곧 부처는 결코 잊지 못할 말씀으로, 이 짧은 인생은 오로지 지나가는 그림자이며 한 순간의 일이라고 하셨습니다. 그리고 여러분이 눈앞에 나타난 모든 것의 무(無)를, 눈앞에서 부단히 변화하는 물질의 무를 자각한다면, 저 높은 곳에는 여러분을 위한 보물이 있고 여기 아래에는 평화가 있을 것이라고 말씀하셨습니다. 여기에서 말하는 평화는 모든 인간의 이해를 넘어선 것이며 그 행복은 우리 모두에게 너무나 낯선 것입니다. 이런 자각은 놀라운 신앙, 거룩한 신앙을 요구하며 우리가 눈으로 보고 있는 만물의 포기를 요구합니다.

부처는 무엇을 했고 그리스도와 마호메트는 무엇을 했습니까? 그들의 삶은 자기희생과 포기의 삶이었습니다. 부처께서는 일체의 세속적 행복을 포기했습니다. 그는 진리를 추구하는 과정에서 자신을 희생하고, 고통받은 사람들이 온 세상 사람들과 행복을 나눠 갖기를 원했습니다. 근사한 전망을 얻기 위해 고귀한 삶을 희생해 가며 에베레스트 산의 정상에 오르는 일이 좋은 일이라면, 그리고 지독히 험난한 곳 위에 깃발을 꽂는 일에 생명을 줄지어 바치는 것이 영광된 일이라면, 강력하고도 불멸한 진리를 추구하는 과정에서 한 명이나 백만 명이 아닌 십억 명의 생명을 내놓는 일은 얼마나 더 영광된 일이겠습니까? 그러므로 여러분 자신의 발판에서 벗어나지 마십시오. 여러분의 조상들이 간직했던 소박함에서 몸을 빼려고 하지 마십시오.

문명이란 오고 가는 것입니다. 우리가 호언장담하는 진보에도 불구하고 나는 "목적은 무엇인가?"라고 반복해서 묻고 싶은 유혹이 생깁니다. 월리스(Alfred Russel Wallace, 1823~1913, 영국의 박물학자)는 50년 동안의 눈부신 발명과 발견이 인류의 도덕적 높이에 조금도 보탠 것이 없다고 말한 바 있습니다. 예수와 부처, 마호메트 역시 같은 말을 했지만, 오늘날 그들의 종교는 우리나라에서는 부정되거나 왜곡되고 있습니다.

여러분은 무슨 수를 써서라도 산상 설교가 여러분에게 준 원천(源泉)을 흠뻑 들이마셔야 합니다. 하지만 다음 순간, 참회의 옷을 입고 재를 뒤집어써야 할 것입니다. 산상 설교의 가르침은 만인을 위한 것, 우리 각자를 위한 것이었습니다. 여러분은 신과 맘몬(Mammon,

기독교에서 하나님과 대립되는 부와 욕망의 신)을 동시에 섬길 수 없습니다. 자비와 인자의 화신이며 관용의 화신이신 신은 맘몬에게 조화를 부리도록 허락하셨습니다. 하지만 나는 스리랑카 청년 여러분에게 자기 파괴적이면서 동시에 남을 파멸시키는 맘몬의 쇼로부터 멀리 도망치라고 말씀드리는 바입니다.

－〈콜롬보 YMCA에서의 연설(Speech at YMCA, Colombo)〉

《영 인디아》(1927.12.8)

당시 콜롬보 YMCA 모임은 기독교 청년들만 아니라 불교도 청년들도 회원으로 두고 있었다고 한다. 간디가 기독교에서 가장 좋아하며 배우고 싶었던 부분은 예수의 산상 설교였다. 이 산상 설교는 《신약성서》〈마태복음〉 5~7장에 나오는 내용으로 예수가 갈릴리의 작은 산에 올라가 제자들과 군중에게 한 연설을 말한다. 하느님의 백성, 즉 천국의 백성이 지켜야 할 여러 가지 계율과 윤리 등이 주 내용이며, 주기도문도 여기 들어 있다. 마음이 가난한 사람, 슬퍼하는 사람, 부드럽고 온화한 사람, 의로움에 주리고 목마른 사람, 남을 불쌍하게 여기는 사람, 마음이 깨끗한 사람, 남들과 화목한 사람, 의를 위해 박해받는 사람 등 8종류의 사람은 하늘의 축복을 받는다는 8복과, 이 글에도 나오는 '내가 남에게 판단 받지 않으려면 남을 판단하지 말아야 한다.'는 내용이 이 산상 설교에 들어 있다. 흔히 산상 설교를 '천국의 헌법'이라 부르며 기독교 신앙의 핵심으로 보는데, 간디는 막상 기독교를 믿는 서양인들조차 이 산상 설교의 계율을 제대로 실천하지 못하고 있다며 비판한다.

이와 더불어 간디는 모든 종교는 근본적으로 자기희생과 포기라는 가르침을 바탕으로 한다는 점에서 동일하다고 했다. 그래서 간디는 스리랑카 청년들에게 휘황찬란해 보이는 서양의 현대 문명에 눈멀지 말고 인도의 고대로부터 내려온 삶과 신앙의 뿌리를 잘 지킬 것을 당부하고 있다.

종교는 하나라네

내가 여기에서 내 경험의 일부를 묘사한다면 나의 뜻이 보다 분명해질 것이네. 우리는 남아프리카의 피닉스(Phoenix)에서 여기 사바르마띠(Savarmati)에서처럼 일상적인 기도회를 열었는데, 거기에 힌두교도와 함께 기독교인과 이슬람교도들이 참석했다네. 고(故) 세쓰 루스똠지와 그 가족들도 기도회에 참석했네. 그는 '라마의 이름이 나에게 귀하고 귀하네'라는 구자라뜨어 찬송가를 매우 좋아했네. 내 기억이 옳다면, 마간랄 또는 까시 둘 중에 한 사람이 우리가 이 찬송을 부를 때 우리를 인도했는데, 그때 세쓰 루스똠지가 "라마라는 이름 대신 호르마즈다라는 이름을 말합시다."라고 환희에 차 고함을 질렀다네. 그의 제안이 즉시 받아들여졌지. 이후 세쓰 가족이 있을 때는 언제나, 때로는 그들이 부재중일 때도 우리는 라마 이름 자리에 호르마즈다의 이름을 넣어 불렀다네. 다우드 세쓰의 아들인 고 후사인은 이따금 피닉스 아슈람(asulam, 원래는 힌두교 수도자들의 공동체를 뜻했으나, 나중에 간디에 의해 생활 공동체로 새롭게 바뀜)에 머물곤 했는데, 그는 우리 기도회에 열정적으로 참여했다네. 오르간 반주에 맞춰 아주 달콤한 목소리로 '이 세상의 정원은 오직 한 순간만 꽃피네'라는 노래를 부르기도 했고, 우리 모두에게 이 노래를 가르쳐 주기도 했다네. 우리 모두는 기도회에서 이 노래를 불렀다네. 우리의 찬송집에 그것을 포함시킨 것은 진리를 사랑하는 후사인에 대한 감사의 표시라네. 나는 후사인만큼 진리를 충심으로 실행하는 젊은이를 본 적이 없네. 조셉 로이펀도 피닉스에 자주 오네. 그는 기독교 신자인데, 그가 가장 좋아하는 찬송가는 '바이슈나바 자나(Vaisnava jana, 비슈뉴 신을 믿는 신도들의 찬가)'라네. 그는 음악을 좋아하네. 한번은 바이슈나바 자리에 '크리스천'이란 말을 넣어 부르기도 했는데, 다른 사람들은 그의 노래를 선뜻 받아들였다네. 조셉은 아주 기뻐했네.

　나는 나의 만족을 위해 다른 종교의 경전들을 뒤적거려 보았고, 덕분에 내 목적에 필요한 만큼은 기독교, 이슬람교, 조로아스터교, 유대교, 힌두교에 대해 익숙하다네. 이런 경전들을 읽으며 나는 그때에는 의식하지 못했지만, 이들 모든 종교에 대해 동일한 존경심을 느꼈다고 말할 수 있네. 당시의 날들을 생각해 보면, 나는 다른 종교들이 나의 종교가 아니라는 이유로 비판하고 싶은 적은 없었다네. 오히려 나는 경전 한 권 한 권을 공경의 정신으로 읽어 가며 그 안에 존재하는 동일한 근본적인 도덕을 찾았다네. 물론 그때 나는 어떤 것들은 이해할 수 없었지만, 그것은 내가 힌두교 경전에서도 이해할 수 없는 것이 있는 것과 마찬가지네. 나는 지금도 몇몇 것들을 이해하지 못하고 있네. 하지만 내 경험이 가르쳐 준 바에 따르면, 우리가 이해하지 못하는 것이 반드시 틀린 것은 아니라네. 처음에는 이해하지 못했던 것들이 나중에는 대낮의 햇빛처럼 분명해지는 경우도 있어. 평등심이 수많은 난점의 해결을 돕지. 어떤 것을 비판할 때도, 겸손과 예절을 지켜야 하며, 배후에 어떤 나쁜 마음이 있어서는 안 된다네.

난점 하나가 여전히 남아 있네. 종교 사이의 평등의 원리를 수용한다고 해도, 그것이 종교와 반(反)종교 사이의 차별을 폐지하는 것은 아니네. 나는 반종교에 대한 관용을 닦으라고 제안하는 것은 아니네. 물론 종교와 반종교를 구별해야 할 경우, 무엇이 종교고 무엇이 반종교인지 각자 결정한다면, 평등심에 관한 여지를 발휘할 수 없는 것 아니겠느냐고 반문할 사람이 있을 수 있지. 그리고 이런 의문이 제기될 수 있기에 종교와 반종교가 무엇인지 결정하는 데 오류를 범할 수도 있네. 하지만 우리가 사랑의 법칙을 따른다면, 반종교적인 형제에게 어떤 증오심도 품지 않게 될 것이네. 반대로 반종교를 따르는 사람을 보더라도 우리는 그를 사랑할 수 있을 것이라네. 즉 우리는 그에게 그의 과오를 보게 해 주든지, 그가 우리의 과오에 대해 확신을 갖게 하든지 할 것이네. 아니면 각자 서로의 견해 차이를 관용할 수 있을 것이라네. 물론 상대방이 사랑의 법칙을 준수하지 않고 우리에게 폭력적으로 굴 수도 있네. 하지만 우리가 그에 대해 진정한 사랑을 품고 있다면, 그것이 결국 그의 반감을 극복하게 해 줄 것이네. 우리는 잘못에 빠져 있다고 생각되는 사람들에게 참을성을 가져야 하네. 우리가 몸소 고통받을 준비가 되어 있어야 한다는 황금률(黃金律)을 준수하기만 한다면, 우리 앞에 놓인 온갖 장애물들은 사라질 것일세.

– 〈나란다스 간디에게 보낸 편지〉(1930.9.30)

　이것은 간디가 참석하고 주도한 예배 모임에서 종교 간의 평등의 원리를 실천한 이야기로, 아주 아름답고도 감동적인 글이다. 나란다스 간디는 사바르마띠 아슈람에서 간디의 비서였다. 이 모임에는 힌두교도가 가장 많았기 때문에 찬송가에도 당연히 힌두교 신의 이름이 등장했다. 그런데 어느 날 기도회에 참석했던 한 이슬람교도가 '라마'라는 힌두교 신의 이름 대신 이슬람교 신의 이름인 '호르마즈다'를 넣어 찬송을 하자고 요청했고, 모임의 참석자들은 그에 따랐다. 또 그들은 기독교도를 위해서는 비슈누 신의 신도인 '바이슈나바'의 자리에 '크리스천'을 넣어 노래 부르기도 했다.

우리는 지금 기독교 찬송가를 부르면서 하느님이라는 이름 자리에 부처님을 넣고, 찬불가를 부르면서는 부처님 대신에 하느님이라는 이름을 넣어 찬송할 수 있을까? 간디는 힌두교, 불교, 기독교, 이슬람교 사이의 평등을 믿었다. 무엇보다 종교를 믿는 사람뿐 아니라 종교를 반대하는 반종교적인 사람에게도 사랑으로 대할 것을 권했다. 물론 간디는 반종교적인 태도 자체가 정당하다고 보지는 않았다. 하지만 종교의 핵심은 사랑이라고 보았기 때문에 참을성을 갖고 반종교적인 사람을 대하면 결국 그도 종교로 귀의할 것이라고 생각했던 것이다.

신은 존재하신다

투고자들은 이 난에서 자주 나에게 신에 대한 질문을 던지고 대답하기를 요청한다. 내가 지면에서 그런 모든 질문에 주목할 수는 없지만, 신은 왜 악을 허용하는가라는 질문에는 대답해야 한다고 느꼈다.

이런 질문은 아담의 존재만큼이나 오래 묵었다. 나에게 그에 대한 독창적인 해답은 없다. 하지만 나는 왜 믿는가를 말하고자 하며 여러분이 그것을 허락해 주길 바란다. 내 견해와 행위에 관심이 있는 청년들이 있다는 것을 알기에 나는 이렇게 하게 됐다.

신비롭고 이해할 수 없는 힘이 만물에 두루 퍼져 있다. 나는 그것을 보지는 못하지만 느낄 수 있다. 우리로 하여금 그 자체를 느끼도록 만들면서도 온갖 증명을 거부하는 것이 바로 이 보이지 않는 힘의 작용이다. 그것은 내가 감각기관들로 지각하는 일체의 것과는 다르다. 그것은 감각기관들을 초월한다.

하지만 신의 존재를 한정된 범위 내에서는 증명할 수 있다. 일상사에서 민중은 누가, 왜, 어떻게 다스리는지 모른다. 그런데도 그들은 통치하는 힘이 분명히 존재한다는 것을 안다. 작년에 나는 인도 남부의 도시인 마이소르(Mysore)로 여행을 떠났었다. 그때 가난한 촌민들을 많이 만났는데, 조사해 보니 그들은 누가 마이소르를 통치하고 있는지 모르고 있었다. 그러나 그들은 어떤 신이 통치하고 있다고 말했다. 지배자에 대한 가난한 사람들의 지식이란 그렇게 제한적인 것이며, 나 또한 왕 중의 왕인 신의 현존을 자각하지 못한다고 해도 전혀 놀랄 필요 없다. 지배자에 견주어진 촌민들이 아주 작은 것처럼 신에 견주어진 나 역시 무한히 작다. 그럼에도 불구하고 그 가난한 촌민들이 마이소르를 지배하는 법칙에 대해 느낀 바가 있듯, 나도 우주에 질서가 존재한다는 점, 존재하거나 살아 있는 모든 것을 다스리는 불변의 법칙이 존재한다는 점을 느낀다. 그것은 맹목적인 법칙이 아니다. 맹목적인 법칙은 살아 있는 존재들의 행위를 지배할 수 없기 때문이다. 보스(J. C. Bose, 1858~1937)의 탁월한 연구 덕분으로 물질조차 생명이라는 점을 이제 입증할 수 있게 되었다. 모든 생명을 지배하는 법칙은 신이시다. 법칙과 법칙 부여자는 한 분이시다. 나는 법칙, 또는 그 법칙의 부여자를 부인할 수 없다. 내가 그 법칙에 대해 또는 그분에 대해 아는 것이 거의 없기 때문이다. 지상에 있는 권력의 존재에 대한 나의 부인이나 무지가 아무 소용없듯이, 내가 신과 그의 법칙을 부정한다고 해도 그것이 나를 그 법칙의 작동에서 해방시켜 주는 것은 아니다. 지상의 통치를 수용하는 것이 그 규칙 아래의 삶을 편하게 하듯이, 신성한 권위에 대한 겸허하고 담담한 수용이 인생의 여정을 쉽게 만든다.

나를 둘러싼 만물이 부단히 변화하고 죽어 가더라도, 모든 변화의 바탕에는, 변하지 않고, 만물을 묶어 주고, 창조하고 해체하며, 그리고 재창조하는 살아 있는 힘이 존재한다는 것을 나는 희미하게 깨닫는다. 만물에 생명을 불어넣는 힘이나 혼이 신이시다. 내가 감각기관을 통해 보는 것들은 어떤 것도 영속할 수 없고 영속하지 않는 것이다.

이 힘은 호의적인가 악의에 차 있는가? 나는 그것을 순전히 호의적인 것으로 본다. 죽음 가운데 삶이 존속하고, 허위 가운데 진리가, 어둠 가운데 빛이 존속한다는 것을 알기 때문이다. 따라서 나는 신이 생명과 진리와 빛이라는 결론을 내린다. 그는 사랑이시며, 지고의 선이시다.

신이 인간의 지성을 만족시킨 적이 있다고 해도 단순히 지성을 만족시키는 신은 신이 아니다. 신이 신이기 위해서는 인간의 심정을 다스려야 하고 그것을 변화시켜야 한다. 그는 신자의 가장 작은 행위에도 자신을 표현해야 한다. 이런 일은 다섯 개의 감각이 느낄 수 있는 것보다 진실하고 명확한 자각을 통해서만 가능하다. 감각에 의한 인식은 흔히 그렇듯 아무리 참으로 보인다고 해도, 거짓되고 기만적일 수 있다. 감각기관과는 별도의 자각이 있는 곳에서 그 자각은 비로소 오류가 없다. 그것은 외면적인 증거로 입증되는 것이 아니고, 내면에서 신의 진정한 임재를 느낀 사람들의 변화된 행위와 인격으로 입증된다.

그와 같은 증언은 모든 나라와 모든 지역에서 부단히 이어지는 예언자와 성자들의 경험 안에서 발견될 수 있다. 이런 증거를 부정하는 것은 자신을 부정하는 것이다.

흔들림 없는 신앙에 의해서 이런 자각이 이끌어진다. 자신의 인격 안에 신이 임재한다는 사실을 검증하려는 사람은 생생한 신앙에 의해 그것을 입증할 수 있다. 신앙 자체가 표면적인 증거로 입증될 수 있는 것이 아니므로, 가장 확실한 길은 세상의 도덕적 지배를 믿는 일, 그래서 도덕 법칙의 지고함, 즉 진리와 사랑의 법칙을 믿는 일이다. 진리와 사랑에 어긋나는 일체를 즉석에서 거절하는 분명한 결의가 있는 곳에서 신앙 행위는 가장 확실한 것이 될 것이다.

그러나 이상 말한 것이 투고자의 주장에 대한 나의 답은 아니다.

나는 이성을 통해 그를 확신시킬 만한 어떤 의견도 갖고 있지 못함을 고백한다. 신앙은 이성을 초월한다. 내가 그에게 충고할 수 있는 전부는, 불가능한 일은 시도하지 말라는 것이다. 나는 이성적 방법을 통해서는 악의 존재를 설명할 수 없다. 그렇게 설명하기를 원하는 것은 신과 동등하기를 바라는 것이다. 나는 그래서 겸손하게 악을 악 자체로 인정할 따름이다. 내가 신이 장기간 고통을 당하면서도 인내하신다고 말한 것은, 그분이 악을 이 세상에 허락하시기 때문이다. 나는 그분 안에 악이 없음을 알고 있다. 그런데도 악이 존재한다면, 그는 그 악을 만든 분이면서도 그 악에 의해 오염되지 않는 분이란 소리다.

내가 목숨 걸고 악과 씨름하지 않거나 악에 대항하지 않는 한, 신을 절대로 알 수 없음을 나는 알고 있다. 겸허하고도 제한된 내 자신의 경험이 나의 믿음을 강화해 주었다. 내가 순수하고자 노력하면 할수록 나는 신에 더욱 가까이 다가감을 느낀다. 내 신앙이 오늘과 같은 변명이 아니라 히말라야와 같이 확고부동하며, 그 준봉들 위의 눈과 같이 하얗고 밝게 빛난다면, 나는 얼마나 신에게 더 가까이 간 것이겠는가? 이제 나는 투고자를, 자신의 경험에 바탕을 두고 찬송가 '늘 인도하소서'를 불렀던 뉴먼(J. H. Newman, 1801~1890, 영국의 가톨릭 사제)과 더불어 기도할 자리에 초대한다.

내 갈 길 멀고 밤은 깊은데

빛 되신 주

저 본향 집을 향해 가는 길

비추소서.

내 가는 길 다 알지 못하나

한 걸음씩 늘 인도하소서.

- 《영 인디아》(1928.10.11)

"만물에 생명을 불어넣는 힘이나 혼이 신이시다."라는 구절은 간디가 《기따》와 함께 애송했던 《이샤 우빠니샤드》의 첫 구절을 상기시킨다. 간디에게 그런 힘이나 혼은 모든 생명을 지배하는 법칙이기도 하고 그 법칙을 부여한 신이기도 하다. 그런데 감각이나 지성, 이성으로는 신의 존재를 증명할 수 없다. 그것은 단지 그분의 존재를 믿음으로써 변화된 행위와 인격으로 입증할 수 있다. 간디에게 신의 존재를 믿는 가장 확실한 길은 세상이 도덕으로 지배된다는 것, 도덕 법칙의 절대성, 다시 말해서 진리와 사랑의 법칙을 믿는 것에 있었다.

그런데 투고자의 질문처럼 전지전능한 신이 존재한다면 왜 비열함이나 부정직함, 그리고 폭정과 같은 악이 존재하는가? 왜 신은 악한 자를 미리 제거하지 않는 것일까? 이런 질문은 신앙심을 가진 사람들 사이에서 흔히 제기된다. 이에 대해 간디는 악이 존재하는 이유를 이성적으로는 답할 수 없다고 하면서 다만 신이 그것을 허용했다고만 한다. 간디는 신이 악을 허용한 것은 인간으로 하여금 자유 의지를 행사하게 하기 위한 것이라며, 다음과 같이 말한 적도 있다. "그분은 세상이 아는 모든 존재 중에서 최고의 민주주의자이시므로 우리 스스로 선악의 선택을 할 수 있도록 악을 자유롭게 남겨 두셨다." 그러므로 간디는 악의 존재에 대해 신학적 질문을 하는 것보다 더욱 중요한 것은 목숨 걸고 그것에 대항하는 것이며, 그런 행위를 통해 인간은 신을 알 수 있게 된다고 말하고 있다. 그리고 그 길이 바로 사따그라하 운동이다.

보스는 인도의 탁월한 식물학자였다. 그는 식물도 동물처럼 느낄 줄 알고, 어떤 자극에 대해서는 무생물도 생물 같은 반응을 보인다고 주장했으며, 인도의 고대 현자들 또한 진작부터 이 사실들을 알고 있었다고 했다. 간디와 타고르, 버나드 쇼와 로맹 롤랑이 보스의 친구들이다. 뉴먼은 영국의 가톨릭 신학자이자 추기경이었고, 이 글에 나오는 찬송가에 가사를 붙인 인물이다. 간디는 특별히 이 찬송가를 좋아했다.

기도 없이 평화 없다

기도는 무엇에 대한 간청이거나, 혹은 가장 넓은 의미에서 내면의 친교입니다. 두 경우 모두 궁극적인 결과는 같습니다. 그것이 뭘 간청하든, 그 간청은 혼의 청결과 정화를 위한 것, 혼을 감싸고 있는 여러 켜의 무지와 어둠으로부터 혼을 자유롭게 하기 위한 것이어야 합니다. 자신 안에 있는 신의 존재를 일깨우는 데 굶주린 사람은 기도에 의존해야 합니다. 하지만 기도는 말이나 귀의 사용에 불과한 것도, 공허한 기도문의 단순 반복도 아닙니다. 라마 신의 이름을 수 없이 반복하더라도 그것이 혼을 움직이는 데 실패한다면 결국 공허한 일이 됩니다. 기도에서 말 없는 심정을 갖는 것이 심정 없이 말만 하는 것보다 낫습니다. 기도는 기도에 굶주린 혼에 대해 분명히 대응해야 합니다. 굶주린 사람이 배불리 먹듯 굶주린 혼은 간절한 기도를 즐겨 먹을 것입니다. 기도의 마법을 경험한 자는 음식 없이 여러 날을 지낼 수 있지만 기도 없이는 한 순간도 지낼 수 없습니다. 내가 이런 말을 할 때에는 나 자신과 동료들의 경험 일부를 여러분에게 드리는 것입니다. 기도 없이는 내면적 평화도 없습니다.

이것이 사실이라면, 우리는 삶의 매순간마다 기도해야 할 것이라고 말하는 사람도 있을 것입니다. 그 점에 대해서는 의심의 여지가 없습니다. 하지만 숱한 오류 속에 죽을 운명을 지닌 존재인 우리는, 내면의 친교 때문에 현실적인 일에서 물러날 수는 없다고 생각하는 우리는, 신과 영속적으로 친교하는 것이 불가능하다고 생각합니다. 그래서 우리는 일정한 시간을 정해 세상에 대한 집착을 잠시나마 팽개치려고 노력해야 하고, 이를테면 육신에서 빠져나오기 위해서 진지한 노력을 기울여야 하는 것입니다.

나는 기도의 필요성에 대해 말씀드렸고 그 말씀을 통해 기도의 본질도 다루었습니다. 우리는 동료에게 봉사하기 위해 태어났습니다. 그러나 우리 스스로 활짝 피어나지 않는다면 올바로 봉사할 수가 없습니다. 인간의 가슴에는 어둠의 힘과 빛의 힘 사이의 영원한 싸움이 치열히 전개되고 있습니다. 의지해야 할 기도라는 마지막 닻이 없는 자는 어둠의 힘의 희생물이 되고 말 것입니다. 기도하는 사람은 자신과의, 그리고 세상과의 평화를 유지합니다. 간절히 기도하는 심정 없이 세상일을 도모하는 사람들은 스스로 불행하고, 세상도 불행하게 만들고 말 것입니다. 기도는 사람의 사후의 상태와도 관련 있는 것이 사실입니다만 그것과는 별도로 현세를 살아가는 인간에게 무한한 가치를 지닙니다. 기도는 우리의 일상적 행위에 질서, 평화, 안정을 가져오는 유일한 수단입니다. 진리를 구하고 고수하기 위해서 아슈람에서 살아가는 우리는 기도의 효험에 대해 믿는다고 고백했습니다. 하지만 이제까지는 기도를 중요한 일로 여기지 않았습니다. 우리는 다른 문제들에 대해서는 배려하면서도 기도에 대해서는 그런 배려를 하지 못했습니다. 어느 날 나는 잠에서 깨어나 기도의 의무에 대해 비참할 정도로 나태했다는 사실을 깨달았습니다. 그래서 나는 엄격한 훈련의 수단을 제안했는데, 그것으로 우리가 더 이상 나빠지지 않기를, 나아가 더 잘해 나가기를 희망하는 바입니다. 이것이야말로 명명백백한 사실일 것입니다. 중대한 일을 돌보십시오. 그러면 다른 것들은 저절로 될 것입니다. 사각형의 각 하나만 바로 세우십시오. 그러면 다른 각들은 자동으로 직각이 될 것입니다.

이제 여러분은 기도로 하루를 시작하십시오. 혼신을 다해 기도를 드려 저녁까지 그것이 여러분 속에 남아 있도록 하십시오. 하루를 기도로 마감하고 꿈과 악몽에서 해방되어 평화로운 밤을 맞도록 하십시오. 기도의 형식에 대해서는 걱정하지 마십시오. 어떤 형식이든, 우리로 하여금 신과 친교하게 할 수 있는 것이면 됩니다. 다만 여러분의 입에서 기도의 말이 흘러나오는 동안 혼이 방황하지 않게 하십시오.

여러분이 내가 한 말을 절절하게 받아들여, 여러분이 묵고 있는 처소의 사감들로 하여금 여러분의 기도에 관심을 갖게 하고 기도를 의무로 규정하게 만들기 전에는, 여러분은 평안을 찾을 수 없을 것입니다. 스스로 부과한 규제는 강제가 될 수 없습니다. 절제로부터 풀려나는 길, 즉 자기 탐닉의 길을 선택한 자는 정염의 노예가 될 것이지만 자신을 스스로 규칙과 규제에 묶어 버리는 자는 자신을 해방시킵니다. 태양과 달 그리고 별들을 포함해서 우주에 있는 만물은 일정한 법칙을 준수합니다. 이 법칙들이 갖는 규제의 영향력이 없다면 이 세계는 단 한 순간도 유지될 수 없을 것입니다. 여러분은 동료 인간들에 대한 봉사를 인생의 사명으로 삼고 있습니다. 그런 여러분이 일정한 규율을 스스로 부과하지 않는다면 여러분은 머지않아 산

합장하며 기도하는 간디 (1946년)
매일 아침 두 손을 모으고 기도했던 간디. 그는 신을 믿는 자에게는 신과 나
누는 영혼의 대화인 기도가 필수적인 행위라고 생각했다.

산조각 나고 말 것입니다. 기도는 영혼의 필수적인 훈련입니다. 우리가 짐승과 다른 점이라면 인간 사회에는 규율과 규제가 있다는 점입니다. 우리가 두 손 두 발로 기는 사람이 아니라 머리를 곧추 세우고 걷는 사람이 되고 싶다면, 우리 자신들의 자발적인 규율과 절제를 이해하고 우리 자신들을 그것들 아래에 둡시다.

－〈사바르마띠 아슈람 기도 모임에서의 연설
(Speech at Prayer Meeting, Sabarmati Ashram)〉《영 인디아》(1930.1.23)

　간디는 신의 존재를 믿는 사람에게는 기도가 필수적인 의무라고 생각했다. 그리고 그는 "기도는 마음의 절규"이므로 "재물을 위해서 기도하는 자들은 기도의 의미를 전혀 모르는 자들"이라고 생각했다. 간디는 어릴 적, 인도의 서사시 《라마야나》의 주인공 라마를 역사적인 실존 인물로 생각해서 그의 이름을 외며 라마를 존경하는 일에 열중했다고 한다. 나중에 그가 역사적인 인물이 아니라 신화 속의 인물임을 안 다음에도 간디는 라마 외기를 멈추지 않았다. 간디는 《하리잔》(1946.4.28)에서 다음과 같이 말한 적도 있다. "나의 라마는 역사적인 인물은 아니다. 그러나 그 영원하시고, 태어나지 않은 분, 유일무이한 분인 그분을 나는 경배한다."

　앞의 글에도 나온 것처럼 물론 그렇다고 해서 간디가 다른 종교의 신을 부정한 것은 아니다. 그는 자신의 생애 중 마지막 몇 년에 여러 곳에서 공개적인 기도 모임을 열었고, 항상 '라마, 이스와라(Iswara, 기독교의 하느님을 지칭하는 인도식 표현), 알라(Allah, 이슬람교의 유일신)는 모두 신의 이름이다!'라는 찬송가를 불렀다고 한다. 가슴에 총을 맞고 쓰러졌을 때에도 간디의 입술에서 나온 최후의 말은 "오 라마신이여, 오 라마신이여!"였다. 이처럼 신앙에 충실했던 간디는 기도를 신과의 영혼의 대화로 보고 그것을 일상화하는 성실한 자세를 가지려고 했다. 이 글도 그런 맥락에서 연설한 내용이다.

4. 현대 문명 비판과 촌락 자치

간디는 촌락 자치를 다룬 책 《힌드 스
와라즈(Hind Swaraj)》에서 현대 문명이 낳은 산업주의의 여러 부정적인
모습을 지적하며 그것을 매우 심하게 비판했다. 그는 현대 문명에는 종
교와 도덕, 진리와 사랑이 없다고 하면서 그 점에서 현대 문명이 자아
를 실현하는 데 방해가 된다고 했다. 간디는 《힌드 스와라즈》를 쓴 동
기가 조국에 봉사하고, 진리를 찾고, 그 진리에 순종하기 위해서라고
했으며, 1919년에 쓴 서문에서는 《힌드 스와라즈》는 진리와 사랑의 법
칙을 현대의 물질문명에 적용해 보기 위한 것이라고 밝혔다. 러스킨이
그랬듯 간디 역시 현대 문명과 산업주의의 성장은 인간 사회를 지탱하
는 도덕 법칙에 커다란 위협이 된다고 생각했다. 간디는 현대 문명 속
에 수많은 도덕적인 악이 뒤엉켜 있다고 본 것이다.

간디가 현대 문명과 산업주의에 대해 이런 비판적인 입장을 지니게
된 것은 유럽의 산업주의로부터 악영향을 받은 인도의 상황 때문이었
다. 산업주의는 대량의 원자재를 획득해서 그것을 완제품으로 만들어

공급하는 광대한 시장, 즉 인도와 같은 후진국 시장을 바탕으로 성장했다. 따라서 원자재를 획득하고 시장을 개척하기 위해서는 인도와 같은 미개발 국가에 대한 착취가 불가피했다. 간디는 현대 산업주의가 식민지의 확장, 독점적이고 일방적인 교역, 제국주의와 제국주의 국가 간의 전쟁, 그리고 식민지 국가의 정상적인 발전을 억제하는 외교 정책 등을 연쇄적으로 재생산하면서 세상을 타락시킨다고 보았다. 더욱 나쁜 것은 이런 산업주의의 착취자들은 착취당하는 식민지 사람들에 비해 자신들을 우월한 종족이라 여기고, 심지어 그들 스스로 가장 우월한 문화와 종교를 가지고 있다는 신화를 확산시킨다는 점이다.

간디는 현대 문명과 산업주의가 육신의 쾌락을 부추기고 사람에게서 손과 발로 하는 노동, 그리고 인간의 창조적인 개성을 **빼앗아** 간다고 보았다. 그래서 그는 소위 현대 문명의 산물이라고 자랑할 만한 것들, 즉 자동차, 기차, 기계, 우편, 인쇄술, 철도, 변호사, 의사 등을 진보라고 보지 않았고, 도리어 그것들이 인간 정신을 좀먹는다고 비판했다. 그것들은 종교적인 의무의 길을 가는 데 아무런 도움도 안 되며, 인간의 욕망을 자제하고 사랑과 진리의 길을 찾아가는 데에도 방해가 된다고 생각했다.

간디에 의하면 현대 문명에 도취해 있는 사람들은 현대 문명의 어두운 그림자를 비판하는 글을 쓰지 않으며, 오히려 현대 문명을 유지하기 위해서 사실을 왜곡하거나 부풀리는 논의만을 한다. 간디는 이를 "문명의 속임수"라고 불렀다. 그렇다면 그는 진정한 문명은 어떤 내용을 가져야 한다고 보았을까? 그는 그것을 "우리의 마음과 불같이 타오르는 욕정에 대해 통제력을 얻는 일이다. 그래서 자신을 아는 일이다."라고 설명한다. 간디에게는 욕정을 통제하고 자기 자신을 바로 아는 것이야 말로 참된 문명의 목표였다.

진리와 비폭력을 가르쳐 온 인도 문명의 관점에서 보면 서양 문명은 인류의 발전이 아니었다. 오히려 그것은 악마적 성격마저 지닌 퇴보라고 할 수 있었다. 그리고 그 악마적 성격은 당시 진행되고 있던 제1차 세계대전에 잘 나타나 있었다. 때문에 간디는 서양 문명에 대한 환상을 버리고 인도의 고대 문명이 가르쳤던 진리와 비폭력, 그리고 고행의 길로 돌아가자고 주장했다. 그리고 그 길을 통해서만 인도의 자치가 얻어진다고 했다. 간디는 이런 사상을 바탕으로 인도의 자치를 실현하기 위한 기초인 스와라즈, 즉 촌락 자치라는 이상을 내세웠다.

간디는 칠십만 개에 달하는 당시 인도 촌락이 자치하고 자족할 수 있다는 확신을 갖고 있었다. 간디는 인도의 몇몇 도시에서 대규모 산업이 성장하자 수많은 사람들이 농촌을 떠나 대도시로 몰려들어 결국 빈민으로 전락하고, 농촌은 황폐화되는 것을 지켜보았다. 그러면서 무엇보다 시급한 것은 촌락의 자치와 독립을 통해 촌락 하나하나가 생산과 소비의 중심이 되어 자기 충족을 이루고, 촌민들이 그 안에서 진리와 비폭력을 지키며 소박하게 살아가는 것이라고 보았다. 그런 삶에는 인간의 노동을 대신하는, 인간을 소외시키는 기계가 들어설 곳이 없다. 더구나 이런 촌락 자치에서는 이웃하고 있는 촌락들 간의 협력과 교류가 가장 인간적인 방식으로 이루어질 수 있다.

즉 간디가 구상한 촌락 자치는 개별 촌락을 생산과 소비의 공동체로 보고 있으므로, 미국의 포드식 대량 생산 체제가 들어설 자리가 없다. 대량 생산 체제는 소비자의 진정한 필요를 고려하지 않는다. 특히 이런 대량 생산을 감당할 만한 시장이 인도에는 없었다. 간디가 꿈꾼 유일한 대량 생산은 물레와 같이 소박한 도구가 수백만 대씩 농촌의 가정에서 생산되고 그것을 통해 옷감을 짜는 일이었다. 간디는 인도에서 가장 풍부한 것이 노동력이고 그것을 제대로 써야 하는 곳이 어디인지를 아주 잘 알고 있었다.

간디는 기아선상에서 억눌리며 살아가는 인도 농민들에게서 필사적인 분노와 폭력도 보았지만 이들 농민이 갖고 있는 소박한 삶의 지혜를 누구보다 깊이 신뢰했다. 그래서 그는 촌락 자치라는 이상이 반드시 실현될 수 있다고 믿었던 것이다.

《힌드 스와라즈》에서의 현대 문명 비판

독　자　　당신의 말은 아주 설득력 있어 보입니다. 이제 문명에 대해 당신이 읽은 것과 생각해 온 것을 좀 말씀해 주십시오.

편집자 먼저 어떤 상태가 '문명'이란 말로 묘사되는지를 생각해
봅시다. 현대인들이 생각하는 문명의 참된 시금석은 그 안에 사는
사람들이 육신의 복리(福利)를 삶의 목표로 삼는다는 것에 있습니
다. 몇 가지 예를 들겠습니다. 오늘날의 유럽인들은 백 년 전보다
더 잘 지어진 집에서 삽니다. 이것이 문명의 상징으로 간주되고
있습니다. 물론 이것 역시 육신의 행복을 증진하는 일입니다. 옛
날에 그들은 가죽 옷을 입고, 무기로 창을 사용했습니다. 지금 그
들은 긴 바지를 입고, 육신을 장식하기 위해 다양한 차림새를 취
합니다. 그리고 창 대신 다섯 이상의 약실(藥室)이 있는 연발 권총
을 갖고 다닙니다. 이제껏 많은 옷가지를 걸치거나, 구두 등을 신
는 습관이 없었던 나라의 사람들이 유럽인의 복장을 받아들이고
는 이제 자신들이 야만 상태에서 벗어나 문명화되었다고 생각합
니다. 옛날에 유럽인들은 주로 육체노동으로 땅을 경작했습니다.
그러나 지금은 단 한 사람이 증기 기관으로 광활한 땅을 경작하며
거대한 부를 축적할 수 있습니다. 이것이 문명의 표시로 불립니
다. 옛날에는 소수의 사람들만이 가치 있는 책들을 썼습니다. 그
러나 지금은 아무나 자신이 좋아하는 것을 쓰고 인쇄함으로써 사
람의 심성을 타락시킵니다. 예전에 사람들은 마차를 타고 여행했
습니다. 그러나 이제 그들은 기차를 타고 엄청난 속도로 공중을
날아다니듯 여행합니다. 이것이 문명의 높이로 간주됩니다.

훗날 사람들은 자신들의 손발을 사용할 필요도 없을 것입니다. 단추를 누르면 바로 옆에 옷가지가 놓여지고, 다른 단추를 누르면 신문을 구할 수 있을 것입니다. 세 번째 단추를 누르면 자동차가 대기하고 있을 것입니다. 모든 일이 기계로 이루어질 것입니다. 옛날 사람들은 서로 싸울 때 육신의 힘으로 겨루었습니다. 그렇지만 지금은 단 한 사람이 언덕 뒤에 숨겨둔 기관총으로 수천 명의 생명을 앗아갈 수 있습니다. 이것이 문명입니다. 옛날에 사람들은 일하고 싶은 시간만큼 들에 나가 일했습니다. 그러나 이제는 수천 명의 노동자들이 생계를 유지하기 위해서 공장이나 탄광에 집결해서 노동합니다. 그들의 노동 조건은 짐승보다 못합니다. 그들은 백만장자를 위해 아주 위험한 직장에서 생명을 무릅쓰고 일하지 않을 수 없습니다.

옛날에는 사람들이 물리적인 강요 때문에 노예가 되었습니다. 이제 그들은 돈의 유혹과 돈으로 살 수 있는 사치품의 유혹 때문에 노예가 됩니다. 옛날에는 꿈도 못 꾸던 질병들이 생겨났고, 의사들은 치료법을 찾기 위해 골몰하고 있으며, 병원들은 수없이 증가했습니다. 이것이 문명의 시금석입니다. 옛날에는 편지를 보내려면 특별한 심부름꾼이 필요했고 비용도 많이 들었습니다. 오늘날에는 한두 푼만으로도 편지로 자신의 동료를 모욕할 수 있습니다. 물론 같은 비용으로 감사의 마음도 전할 수 있게 되었지만요.

옛날에는 사람들이 집에서 만든 빵과 야채로 두세 끼의 식사를 했습니다. 그러나 이제 사람들은 두 시간마다 먹을 것이 필요해졌고, 다른 일을 위한 여유를 거의 갖지 못합니다.

무슨 말이 더 필요하겠습니까? 당신은 이 모든 것을 몇몇 신뢰 있는 책에서도 확인할 수 있을 것입니다. 이것들 모두가 문명의 실제적인 시금석입니다. 누구든 그 반대로 이야기하는 사람이 있다면 그는 무지한 사람일 것입니다. 이 문명은 도덕이나 종교에 대해서는 전혀 주목하지 않습니다. 문명의 지지자들은 그들의 일이 종교를 가르치는 일이 아니라고 냉정하게 말합니다. 어떤 사람은 심지어 종교를 미신이 성장해 온 것이라고도 말합니다. 물론 어떤 사람들은 종교의 옷을 걸치고 도덕에 대해 재잘거립니다. 하지만 20년에 걸친 경험을 통해 나는 부도덕이 도덕의 이름으로 자주 거론된다는 결론에 도달하게 되었습니다. 어린아이들조차도 앞서 내가 문명에 대해 묘사한 모든 것 안에 도덕으로 향하는 것이 없음을 알 것입니다. 문명은 육신의 안락을 증진시키려 했지만 불행하게도 그것조차 실패했습니다.

이 문명은 반종교적입니다. 이 문명이 유럽인들을 꽉 움켜쥐고 있으므로 그 속에 사는 사람들은 반쯤 미친 것처럼 보입니다. 그들에게는 진정한 육신의 건강도 용기도 없습니다. 그들은 중독을 통해 에너지를 유지합니다. 그들은 혼자 있으면 거의 행복하지 않습니다. 가정의 여왕이 되어야 할 여성들은 거리에서 방황하거나 공장에서 혹사당하며 일하고 있습니다. 몇 푼의 임금을 위해서 영국에서만 50만의 여성들이 가혹한 조건의 공장이나 그와 유사한 시설에서 노동하고 있습니다. 이러한 끔찍한 사실이 나날이 성장하는 여성 참정권 운동의 여러 요인 중 하나라 할 수 있습니다.

이 문명은 그저 참기만 한다면 스스로 파멸하고 말 것입니다. 마호메트의 가르침에 따른다면 이것은 사탄의 문명이라고 할 수 있습니다. 힌두교는 이것을 암흑 시대라고 부릅니다. 나로서는 이런 문명에 대해 적절한 개념을 제시할 수 없군요. 여하튼 그것은 영국의 중추부를 잠식하고 있습니다. 이런 문명은 꼭 피해야 합니다.

의회는 진실로 노예 상태의 상징입니다. 당신이 이에 대해 충분히 숙고한다면 나와 같은 견해를 갖게 될 것이고 영국인을 비방하지 않게 될 것입니다. 그들은 차라리 우리의 동정을 받을 만합니다. 내가 믿기에 그들은 현명한 국민이므로 악을 털어 버릴 것입니다. 그들은 진취적이고 근면합니다. 사유 방식이 본질적으로 부도덕했던 것은 아닙니다. 심성이 나쁜 것도 아닙니다. 그래서 나는 그들을 존경합니다. 문명은 치유 불가능한 질병이 아닙니다. 하지만 현재 영국인들이 그 질병을 앓고 있다는 사실을 결코 망각해서는 안 됩니다.

독　자　　인도는 다음과 같은 일이 벌어지는 곳이기도 합니다. 즉,
어린 과부들이 수없이 많고, 두 살 난 아기들이 결혼하고, 열두 살
먹은 소녀들이 엄마 겸 주부가 되며, 여성들이 일처다부제에 희생
되고, 니요가(niyoga, 남편이 아닌 다른 남자에 의한 임신)가 벌어지고, 소
녀들이 종교의 이름으로 매춘부가 되고, 같은 이유로 양과 염소가
죽고 있습니다. 이런 것들도 모두 당신이 묘사했던 문명의 상징이
라고 생각합니까?

편집자　　당신의 말은 옳지 않습니다. 당신이 보여 준 결함은 단지
결함일 뿐입니다. 고대 문명이라도 그런 결함들은 남아 있습니다.
하지만 분명 그런 결함을 없애기 위한 시도가 있었고 앞으로도 있
을 것입니다. 우리는 이러한 사악함을 청소하기 위해서 우리 안에
태어나는 새로운 정신을 활용할 수도 있을 것입니다. 이 세상 어디
에도, 어떤 문명이라도 완전한 것은 없습니다. 다만 인도 문명의
성향은 도덕적 존재를 고양하는 것이고, 서양 문명의 성향은 부도
덕을 보급시키는 것입니다. 서양 문명이 신을 믿지 않는 데 비해
인도 문명은 신에 대한 믿음에 기초를 두고 있습니다. 그렇게 이해
하고 믿는다면, 인도를 사랑하는 사람이라면, 모두 어린애가 엄마
가슴에 매달리듯 인도의 고대 문명에 매달려야 할 것입니다.

－《힌드 스와라즈》(1909)

《힌드 스와라즈》에서 편집자는 간디 자신이고 독자는 가상 독자다. 가상 독자라고 해서 완전한 허구는 아니고, 간디 주변에서 유사한 질문을 던졌던 인물을 염두에 둔 설정이었다. 1909년 6월 간디는 남아프리카 인도인들의 입장을 대변하기 위해서 킬도난캐슬호를 타고 런던으로 향했다. 간디는 이 선상에서 구자라뜨어로 《힌드 스와라즈》를 썼고, 그해 12월 《인디언 오피니언》 잡지사를 통해 이를 출판했다. 이어 1910년 1월에 소책자로 발간됐지만 그해 3월 인도의 뭄바이 정부에 의해 판매 금지 조치를 당했다. 이 조치로 인해 간디는 《힌드 스와라즈》를 영역(英譯)해서 출판하고자 했다. 이 책 최초의 영어본은 1910년 남아프리카에서 나오게 됐고, 1919년 서문이 새롭게 붙어 인도에서도 출판됐다.

위의 글에서 간디는 서구 문명의 잘못된 점을 지적하기보다는 서구 문명 자체가 잘못된 것이라는 입장을 견지하고 있다. 그에게는 육체의 안락이 문명의 진보가 아니었다.

인도 문명이 가르치는 진리와 비폭력을 따르시오

우리는 유럽 대륙에서 만들어진 위대한 발견들을 통해 진보할 수 있을 것이라고 생각합니다. 하지만 이것은 환상입니다. 우리는 우리 자신의 문명을 가지고 오랫동안 생존해 온 나라에서 사는 사람들입니다. 유럽의 많은 문명들은 파괴되었으나, 우리 인도는 살아남아 자신의 문명을 증언하고 있습니다. 그러나 이제 우리가 더 이상 우리 문명을 믿지 않는 것은 아닌지 의심해 볼 필요가 있습니다. 우리가 매일 아침 예배하고 기도하고, 선조들이 지은 시구들을 음송하는 것은 사실입니다. 그런데도 우리는 그 의미를 모릅니다.

거의 모든 종교 서적들은 이 세상이 지속되는 한 신과 사탄 사이의 전쟁이 영원히 계속될 것이라고 말합니다. 문제는 우리가 그것에 어떻게 대비하느냐에 달려 있습니다. 내가 여기에 온 것은 여러분이 여러분의 문명에 대해 믿음을 갖고 그것을 굳건히 지켜 나가야 한다는 점을 말씀드리기 위해서입니다. 만일 여러분이 그렇게 한다면, 언젠가 인도는 전 세계를 이끌 것입니다.

우리 지도자들은 서구와 싸우기 위해서는 서구의 방식들을 수용해야 한다고 말합니다. 하지만 그것은 인도 문명의 종말을 의미한다는 것을 꼭 명심하십시오. 인도의 본래 얼굴은 여러분이 따르는 현대의 흐름과는 다릅니다. 그리고 그런 인도의 얼굴을 여러분은 모르고 있습니다. 나는 여행을 많이 하면서 인도의 정신을 알게 되었고, 그것이 지금껏 인도 고대 문명에 대한 믿음을 간직해 왔음을 발견했습니다. 우리가 흔히 듣는 스와라즈는 억지 실천으로는 얻을 수 없습니다. 우리는 우리가 살아가는 삶의 방식 속에서 스와라즈를 얻을 것입니다. 스와라즈는 요구한다고 해서 얻어지는 것이 아닙니다. 우리가 유럽을 모방한다고 해서 스와라즈를 얻을 수 있는 것은 결코 아닙니다.

　유럽 문명이 악마와 같다는 점은 우리 스스로 잘 알고 있습니다. 이에 대한 명백한 증거는 현재 진행 중인 격렬하고도 끔찍한 전쟁입니다. 이것은 우리에게 경종을 울립니다. 또한 행위가 반드시 경건해야 하고, 다르마(dharma, 인간 행위의 올바른 규범으로 선, 정의, 덕 등을 가르킴)에 기초해야 한다는 불변, 불가침의 원리를 우리의 현자가 우리에게 주었다는 점을 늘 상기해야 할 것입니다. 우리는 이 원리만을 따라야 합니다. 우리가 다르마를 따르지 않는다면, 어떤 거창한 계획을 세우더라도 우리의 소원은 성취되지 않을 것입니다. 우리는 성자들이 우리에게 남겨 준 유산을 이용해야 합니다.

　고대 인도에서 실천되었던 고행이 다른 곳에서는 전혀 발견되지 않는다는 점은 전 세계가 알고 있습니다. 설사 우리가 인도를 위한 제국을 원한다고 해도, 우리는 제국을 다른 방법이 아니라 자제의 방법으로 얻을 수 있을 것입니다. 자제의 정신이 우리 삶을 지배하게 되면 원하는 것은 무엇이든 얻을 수 있음을 확신할 수 있을 것입니다.

　진리와 사랑 그리고 비폭력에 대해 굳건한 믿음이 없다면, 우리는 진보를 이룰 수 없습니다. 만약 우리가 이런 것들을 버리고 유럽 문명을 모방한다면, 머지않아 파멸하고 말 것입니다. 나는 인도가 자신의 문명을 외면하지 않도록 태양신에게 기도합니다. 두려워 마십시오. 여러분이 갖가지 종류의 공포 아래 사는 한 결코 진보하거나 성공할 수 없습니다. 부디 우리의 고대 문명을 잊지 마십시오. 진리와 사랑을 절대로 포기하지 마십시오. 모든 적과 친구들을 사랑으로 대하십시오.

— 〈인도 문명에 대한 연설(Speech on Indian Civilization)〉(1918.3.30)

이것은 인도 중부 마디아 프라데시(Madhya Pradesh) 주의 도시 인도르(Indore)에서 강연한 연설이다. 간디는 서구의 제국주의와 대결하기 위해서, 그리고 인도의 독립을 얻기 위해서 서구의 방식을 따르거나 모방해서는 안 되고, 인도 고대 문명이 가르친 고행, 진리, 사랑, 비폭력으로 돌아가야 한다고 주장했다. 이런 주장의 밑바탕에는 인도 문명에 대한 깊은 자긍심이 자리 잡고 있는데, 그 이유는 인도 문명이 진리와 비폭력이라는 원리를 바탕으로 하는 문명이기 때문이다.

촌락 자치

질문자   당신은 국민회의 의원들이 그들 자신이 원하는 독립이 어떤 것인지 잘 알지 못한다고 했습니다. 당신 자신이 생각하는 독립 인도에 대한 광범위하고도 포괄적인 그림을 제발 그들에게 보여 주시겠습니까?

간 디 　독립은 오늘날 인도인을 지배하고 있는 자들의 독립이 아니라 인도 민중의 독립을 의미해야 합니다. 지배자들은 그들의 발아래에 있는 사람들의 의지에 의존해야 합니다. 그래서 민중의 하인이 되어야 하고 민중의 의지를 실천할 준비가 되어 있어야 합니다.

독립은 반드시 바닥에서 시작되어야 합니다. 그래서 모든 촌락이 완전한 힘을 보유하고 있는 하나의 공화국, 곧 **빤차야뜨**(pancyat, 5인으로 구성된 촌락 위원회)가 되어야 합니다. 여기에서 모든 촌락은 자족할 수 있어야 하며, 자신의 업무를 스스로 처리할 수 있어야 하는데 그것도 전 세계에 대항해서 자신을 방어할 정도까지 처리할 수 있어야 한다는 결론이 나옵니다. 촌락은 외부에서 오는 어떤 맹공격이라도 맞서 싸우려고 시도하다가 죽을 정도로 훈련되어야 하고 각오가 있어야 합니다. 그러므로 궁극적으로 말하자면 하나의 단위가 되는 것은 개인입니다. 그렇다고 해서 이웃이나 세계에 대한 의존이나 세계가 주는 자발적인 도움을 배제하는 것은 아닙니다. 서로 의존하고 돕는 것은 공동의 힘을 자유롭고 능동적으로 사용하는 방식이 될 것입니다. 그런 사회는 틀림없이 고도로 계몽되어 있어서, 그 사회에서 살아가는 모든 남녀들은 자신들이 원하는 바를 알고 있고, 동등한 노동으로 소유할 수 없는 것이라면 아무도 그것을 원하지 말아야 한다는 점도 잘 알고 있을 것입니다.

이런 사회는 자연스럽게 진리와 비폭력에 기초를 둡니다. 이 진리와 비폭력은, 스스로 존재하고 전지전능하며 살아 있는 힘을 의미하는 신에 대한 생생한 신앙이 없으면 불가능한 것입니다. 이 힘은 세상에 알려진 다른 모든 힘 안에 깃들어 있으며, 어떤 존재에도 의존하지 않으며, 다른 모든 힘들이 멸망하거나 활동을 그칠 때에도 살아남을 힘입니다.

수많은 촌락들이 존재하는 이런 구조에서는, 끝없이 자신을 넓히지만 결코 남들보다 높이 올라가지 않는 원주(圓周)들이 존재할 것입니다. 생명은 밑바닥에 의해 지탱되는 정점을 가진 피라미드는 아닐 것입니다. 생명은 대양과 같은 원주이고 그 중심에는 개인이 있습니다. 그 개인은 촌락을 위해서 언제든 죽을 각오가 되어 있고, 촌락은 촌락들의 원주들을 위해서 죽을 각오가 되어 있습니다. 결국 전체가 다수의 개인들로 구성되는 하나의 생명이 될 것입니다. 개인들은 결코 자만에 사로잡혀 공격적인 것이 아니라 늘 겸손하며, 하나의 통일적인 단위가 되어서 대양과 같이 장엄한 원주들과 함께하게 될 것입니다.

따라서 가장 외곽에 있는 원주가 내부에 있는 원주를 짓밟기 위해서 힘을 행사하지 않을 것이고, 내부에 있는 모든 원주들에게 힘을 줄 것이며, 그것들로부터 자신의 힘을 얻어낼 것입니다. 사람들은 이것이 너무 유토피아적이어서 조금도 고려할 가치가 없다고 반박하며 나를 조롱할 수도 있을 것입니다. 비록 인간의 힘으로는 그려 낼 수 없을지라도 에우클레이데스(Eucleides, 고대 그리스의 사상가이자 수학자로 흔히 유클리드라는 영어 이름으로 알려져 있음)의 점이 불멸의 가치를 지닌 것이라면, 내 그림도 살아가는 인류를 위해서 나름의 가치를 지닐 것입니다. 비록 그 그림의 완전한 모습을 실현할 수 없다 해도 인도가 이 참된 그림을 위해서 살 수 있도록 해 봅시다. 이 그림대로라면 맨 나중 사람도 첫 번째 사람과 동등할 것입니다. 즉 이 촌락에서는 어느 누구도 최초의 사람이 되거나 최후의 사람이 되지 않을 것입니다.

이 그림에서는 모든 종교들이 각기 완전하고도 동등한 자리를 차지합니다. 우리 모두는 우람한 나무의 잎에 해당합니다. 나무의 몸통은 땅 속 깊이 박힌 뿌리에서 떼어낼 수 없습니다. 아무리 강력한 바람이라도 나무를 움직일 수 없습니다.

이 그림에는 인간의 노동을 대신하고 몇 사람의 손아귀에 권력을 집중시키는 기계들이 들어설 자리가 없습니다. 노동은 계몽된 인간의 가족 안에서 유일한 자리를 차지합니다. 개개인을 돕는 기계라면 얘기가 다르겠지만 말입니다. 하지만 나는 그런 기계가 어떤 것인지에 대해 곰곰이 생각해 본 적이 없음을 고백합니다. 물론 싱어(Isaac Merrit Singer, 1811~1875, 미국의 발명가 겸 기업가로 자동 재봉틀을 발명한 후 싱어 재봉틀 회사를 창립했음) 재봉틀에 대해 생각해 본 적은 있습니다. 하지만 그것조차도 마지못해 받아들입니다. 이 그림의 빈자리를 메우기 위해서 그것이 필요한 것은 아닙니다.

– 〈독립(Independence)〉《하리잔》(1946.7.28)

간디가 암살당하기 2년 전에 쓴 이 글로 보아 간디는 최후까지 촌락 자치의 꿈을 간직하고 있었음을 알 수 있다. 이상적인 촌락으로 이루어진 사회에서는 하나의 단위 촌락이 독립적인 단위가 되어 가장 안쪽의 원주로서 존재한다. 그런 단위 촌락들이 모여 점점 더 큰 원주가 되고, 단위 촌락을 둘러싸는 원주가 생기게 된다. 여기서 단위 원주와 큰 원주의 관계는 주인과 노예, 지배와 피지배의 관계가 아니다. 그것은 오히려 서로 힘을 주고받는 관계이며, 하나는 전체를 위해서, 그리고 전체는 하나를 위해서 존재하는 관계다. 이것이 간디가 꿈꾼 이상적인 촌락 자치제로, 실현 여부를 떠나서 그는 이러한 이상을 지니는 것 자체가 무척 중요하다고 생각했다.

기계에 의해 인간의 노동이 소외되는 현대 문명의 권력 집중을 아주 싫어했던 간디는 촌락 자치에서 인간의 노동을 아주 중요하게 생각했다. 그러나 예외적으로 싱어 재봉틀만은 인정했다. 그것은 미국인 싱어의 획기적인 발명품으로, 싱어는 실용적인 가정용 재봉틀을 개량해 그것을 널리 사용하게 했다. 간디는 이 재봉틀이 아내의 수고를 덜어 주기 위한 기계, 사랑에서 나온 기계라고 하며 사용을 허락했다.

제 2부

비폭력과 실천 운동

The moral
and political writings
of Mahatma Gandhi

소금 행진을 하고 있는 간디(1930년)
간디(사진 중앙)는 자유로운 소금 제조를 금지하는 소금 법에 고통받는 농민을 위해 78명의 협력자와 함께 사바르마띠에서 단디 해안까지 항의 행진을 했다. 그는 인간 사회에서 발견되는 모든 부정의를 거부하며 평생 비폭력을 향한 실천 운동을 이행해 나갔다.

1. 비폭력

인류의 역사는 폭력과 전쟁의 역사일
까? 우리는 보통 그렇다고 생각한다. 실제로 어떤 학자는 인류의 지난
3천년 동안 전쟁이 없었던 때는 불과 수백 년에 불과하다고 주장했다.
하지만 역사를 보는 간디의 눈은 달랐다. 그는 우리의 역사가 폭력의
역사로 보이는 것은 모두가 기록된 것만을 감안하기 때문이라고 말했
다. 날마다 일어나는 사랑과 봉사의 행위는 기록되지 않고, 갈등과 전
쟁 같은 사건만이 기록되기 때문이라는 것이다. 간디는 인류의 역사에
서 사랑과 봉사의 행위가 갈등과 전쟁에 비해 훨씬 더 일상적인 일이었
음을 역설한다. 즉 인류의 역사는 기록을 중심으로 살피자면 폭력과 전
쟁의 역사처럼 보이지만, 기록되지 않은 이면을 고려하면 사랑과 비폭
력의 역사라는 것이 그의 탁월한 역사 해석이었다.

당시 인도의 국민회의는 오늘날의 국회 같은 곳이었고, 그 구성원은
인도 사회의 지도자들이었다. 그러나 의원들은 민중들의 사랑과 존경
을 받지 못했다. 간디는 그 이유를 그들이 비폭력과 진리를 순수하게

지키지 못했기 때문이라고 보았다. 그리고 인도가 완전한 독립을 얻지 못하고 있는 것도 같은 맥락 때문이라고 생각했다.

인류의 역사는 비폭력의 역사다

독　자　당신이 혼의 힘 또는 진리의 힘이라고 불렀던 것이 성공을 거둔 사례에 대해 역사적인 증거가 있습니까? 혼의 힘을 통해 일어난 국가의 사례는 없는 것으로 보입니다. 아직도 저는 사악한 행위를 하는 자들은 물리적 처벌이 없다면 악을 행하기를 그치지 않을 것이라고 생각합니다.

편집자　똘시다스(Tulsidas, 1543?~1623?, 인도의 성자이자 시인)는 이렇게 노래했습니다. "육신의 뿌리는 이기주의며, 종교의 뿌리는 자비와 사랑이다. 그래서 우리는 살아 있는 한 자비를 버려서는 안 된다." 이것은 나에게 과학적인 진리로 보입니다. 나는 둘 더하기 둘이 넷임을 믿듯이 이런 진리를 믿습니다. 사랑의 힘은 혼의 힘이나 진리의 힘과 같습니다. 이 힘이 걸음마다 작동한다는 증거가 우리에게 있습니다. 사랑의 힘이 없다면 우주는 사라지고 말 것입니다. 그런데도 당신은 역사적인 증거를 요구합니다. 우리는 먼저 역사가 무엇을 의미하는지를 알아야 하겠습니다. 구자라뜨어로 역사란 '그런 일이 그렇게 일어났다.'는 뜻입니다. 만일 역사의 의미가 그런 것이라면 증거를 풍부하게 제시할 수 있습니다. 하지만 역사가 왕과 황제들의 행위를 의미한다면, 혼의 힘이나 수동적 저항에 대한 증거는 찾을 수 없습니다. 당신은 주석 탄광에서 은을 기대해서는 안 됩니다.

우리가 알기로 역사는 세계에서 일어난 전쟁의 기록입니다. 그래서 영국인들 사이에는 '역사가 없는, 즉 전쟁이 없는 나라가 행복한 나라'라는 속담이 있습니다. 왕들이 어떻게 행동했고 서로 어떻게 원수가 되었는지, 서로 어떻게 살해했는지, 이런 것들이 역사에 정확히 기록되어 있습니다. 만약 이런 일들만 일어났다면, 세상은 오래 전에 종말을 고했을 것입니다. 세계의 이야기가 전쟁과 더불어 시작됐다면, 오늘날 단 한 사람도 살아 있지 않을 것입니다. 전쟁을 치른 백성들은 사라지고 말았습니다. 기독교의 〈마태복음〉에는 이런 말이 있습니다. '칼로 일어선 자들은 칼로 망하리라.' 우리에게는 그 비슷한 것으로, 헤엄을 잘 치는 사람이 물에 빠져 죽는다는 속담이 있습니다.

아직까지 이 세상에 수많은 사람이 살아 있다는 사실은 세상이 무력이 아니라 진리의 힘이나 사랑의 힘에 기초하고 있음을 보여 줍니다. 다시 말해 사랑의 힘과 진리의 힘이 성공한다는 가장 위대하면서도 반박할 수 없는 증거는, 수많은 전쟁에도 불구하고 인류가 여전히 살아 있다는 사실입니다.

수천수만의 사람들은 이런 힘의 활발한 작용으로 자신들의 생존을 유지합니다. 수백만의 가정에서 일어나는 작은 시빗거리는 이 힘의 작용 앞에서 사라지고 맙니다. 수백 개의 나라들은 평화롭게 살아갑니다. 역사는 이런 사실을 기록하지 않고 기록할 수도 없습니다. 역사란 사랑의 힘과 혼의 힘이 한결같은 작용을 중단한 것에 대한 기록입니다. 형제 두 사람이 싸운다고 해 봅시다. 그중 한 사람이 뉘우침으로써 자신 안에 잠자고 있던 사랑을 다시 일깨웁니다. 형제는 다시 평화롭게 살기 시작합니다. 그러나 아무도 이 사실에 주목하지 않을 것입니다. 다만 이들 형제가 변호사의 개입이나 다른 원인을 통해 무기를 들거나 폭력의 다른 형식인 법률을 이용한다면, 그들의 행위는 곧장 신문에 알려지고 이웃 사람들의 이야깃거리가 될 것이며, 아마 그래서 역사에 기록될 것입니다. 가정이나 공동체에 진실인 것은 국가에도 진실입니다. 역사는 자연의 과정이 중단된 사실의 기록입니다. 즉 혼의 힘은 자연스런 것이므로 역사에는 기록되지 않습니다.

- 《힌드 스와라즈》(1909)

뚤시다스의 주요 저서 《라마의 생애를 비추는 성스러운 호수(Ramcarit-mānas)》는 중세 힌두 문학의 가장 큰 업적으로서, 북부 힌두 문화에 오랫동안 영향을 주었다. 특히 이것은 비슈누의 화신이자 구원의 중개자로 널리 믿어진 라마에 대한 헌신적 사랑, 곧 박띠(bhakti, 신에 대한 헌신적 사랑)라는 종교적 감정을 매우 뛰어나게 표현하고 있는 작품이다. 무엇보다 이 작품은 북부 인도에서 라마 숭배, 즉 비슈누 숭배가 끄리슈나 숭배를 대치하게 하는 데 결정적인 역할을 했다. 간디가 태어나고 성장한 곳은 뚤시다스의 이 작품이 크게 유행하던 곳이었고, 간디 자신도 이 책을 자주 읽곤 했다.

이 글의 마지막 부분에 "역사는 자연의 과정이 중단된 사실의 기록"이라는 구절이 나온다. 간디에게는 혼의 힘, 사랑의 힘이 움직이는 것은 자연의 과정이다. 이에 비해 역사는 폭력이 판치는, 즉 자연의 과정이 중단된 모습을 그린 기록이다. 하지만 간디는 역사에 기록되지는 않지만 혼과 사랑의 힘이 인류의 역사를 이끈다고 믿었다. 이런 점에서, 그는 근본적으로 인간의 성품이 선하다는 것을 믿는 성선론자였다.

국민회의는 진리와 비폭력에서 실패했다

자유를 위한 우리의 투쟁이 순수하게 비폭력이 않았다는 점을 나는 인정합니다. 만일 모든 의원들이 진정한 비폭력을 정직하게 따랐다면, 우리는 오늘날 지독한 혼란 상태에 빠져 있지는 않았을 것입니다. 우리가 비폭력 투쟁이라고 간주했던 것이 실제로는 그러하지 않았음이 날이 갈수록 또렷해집니다. 그렇지 않았다면, 집단 중심주의라는 용이 제 머리를 내밀지도 않았을 것이고, 불가촉천민 제도는 과거의 일이 되었을 것이며, 고용주와 종업원 사이의 차별은 모두 없어져 양자 모두 어떤 차별 없이 비슷하게 육체노동을 했을 것입니다. 이 나라 어디에서도 환한 대낮에 우리의 딸들과 누이들의 명예가 더럽혀졌다는 소식을 듣지 못했을 것입니다. 우리가 진리와 비폭력의 길을 따라갔다면, 인간의 마음에서 인간성이 사라진 것을 보지 못했을 것이고, 사회는 잘 조직되었을 것이며, 적대감의 흔적도 전혀 없었을 것입니다.

오늘날 우리는 단 하나의 좋은 조짐도 보지 못합니다. 가는 곳마다 의원들이 비난받고 있고, 민중은 그들을 믿지 않는 것 같습니다. 무슬림 연맹은 우리를 믿지 않고, 주 정부들마저도 우리에게 냉랭합니다. 여러분 그리고 아마 나까지도 이것에 대해 비난받아야 할 것입니다. 우리가 진리와 비폭력, 그리고 희생을 100퍼센트 따랐다면, 군중만이 아니라 어린아이들까지도 우리를 존경했을 것입니다. 하지만 현재의 분위기는 대단히 다릅니다. 지금이라도 우리는 오류를 깨닫고 오던 길을 되돌아가야 할 것입니다. 그렇지 않으면 60년간의 명예로운 국민회의의 역사가 10년 이내에 지워지고 말 것입니다.

우리가 우리 자신의 내부에서 순수한 비폭력과 진리의 불을 켜지 않는다면, 우리는 완전 독립이라는 우리의 목표를 달성할 수 없을 것입니다. 우리 안에 저 빛을 켜게 되면, 폭력의 경향은 자동적으로 사라질 것이고 폭동은 통제될 수 있을 것입니다.

그렇지만 다양한 종족들이 모여 사는 인도 같은 큰 나라에서 경찰이 차지할 자리가 전혀 없을 것이라고는 생각하지 않습니다. 이와 같은 상황에서 우리가 만일 군대의 도움 없이 일을 처리해 나갈 수 없다면, 경찰 없이 살 수 있다고 어떻게 말할 수 있겠습니까? 물론 나는 경찰 없이도 살아갈 수 있다는 비전을 분명히 품고 있습니다. 나는 경찰을 경찰이라 부르지 않고 '사회 개혁가'라고 부를 것이기 때문입니다. 그들은 민중의 종이지 주인이 아닐 것입니다.

폭력을 위한 훈련에서 살인 방법을 배우듯, 우리는 비폭력을 받아들이며 죽는 기술을 배워야 합니다. 비폭력에는 공포가 들어설 여지가 없습니다. 그뿐만이 아니라, 우리는 자신의 가족, 재산, 심지어 생명조차 주저 없이 희생할 수 있을 정도로 희생정신을 충분히 길러야 합니다. 비폭력 신봉자는 신만을 두려워합니다. 사람들은 자신의 물리적 신체를 보호하기 위해서 폭력에 호소합니다. 그러나 육신은 멸하는 것이고 진실로 중요한 것은 영혼이라는 것을 깨달아야 합니다. 그리고 영혼의 명예를 지키는 일에 비폭력을 대신할 만한 것은 아무 것도 없습니다.

누군가 나를 죽이려고 한다면, 나는 분노의 흔적조차 없이 조용히 미소를 띠고서, 무엇보다도 내가 선택한 신을 기억하면서 죽음을 맞이할 수 있기를 바랍니다. 나는 신이 나에게 이 힘을 허락하실 것이

간디의 장례식 행렬 (1948년 1월 31일)

힌두교 열혈 신자에게 암살당한 간디는 최후의 순간까지 진실한 용서의 자세를 보이며 "오 라마신이여, 오 라마신이여!" 라는 말과 함께 이승을 떠났다. 간디의 죽음을 애통해한 수많은 군중들이 그의 마지막 가는 길을 함께했다.

라고 믿습니다. 만일 나에게 어떤 단점이나 이기심이 있다면, 그것은 내 죽음의 순간에 발견될 것입니다. 나는 125세까지 살 것이라는 말을 하곤 했습니다. 그러나 더 이상 그럴 욕망이 없습니다. 내 주변에서 온통 허위와 배반을 목격하고 있기 때문입니다. 그러나 신은 비폭력적인 사람에게 적합한 죽음을 베풂으로써 나를 축복해 주시리라는 확신만은 나날이 강해집니다.

— 〈대담(A Talk)〉(1947.5.4)

대담이 이루어진 장소는 뉴델리였고, 인도가 영국으로부터 독립하기 직전의 시기였다. 그리고 인도 전역 다수파 힌두교도들과 소수파 이슬람교도들 사이에 날카로운 대립과 갈등이 팽배해 있던 때였다. 간디는 종교적 갈등으로 인해 인도 곳곳에서 적대심과 폭력이 난무하는 것을 보고 깊은 고뇌에 빠졌다. 이런 종교적인 문제로 8월에는 영국령 인도가 두 개의 자치령(인도와 파키스탄)으로 분리되었으며, 간디는 영국 통치에서의 해방을 기뻐하면서도 인도의 분리에는 철저히 반대 입장을 밝혔다. 이 무렵 간디는 임박한 인도 독립을 앞두고, 군대가 없는 인도, 경찰이 경찰로 불리는 것이 아니라 사회 개혁가로 불리는 인도를 꿈꾸고 있었다.

1947년이라면 《힌드 스와라즈》를 쓰고 40년 가까운 세월이 흐른 시점이었다. 간디가 믿었던 사랑의 힘은 종교적 광신에 빠진 인도에서는 제대로 발휘되지 못했고, 도리어 적의와 폭력만이 난무하고 있었다. 이런 상황에서 비폭력 신봉자 간디가 취할 수 있는 유일한 행위는 자신의 목숨을 내놓는 일이었다. 간디는 이듬해 1월 암살당했다. "분노의 흔적조차 없이 조용히 미소를 띠고서, 무엇보다도 내가 선택한 신을 기억하면서 죽음을 맞이할 수 있기를 바랍니다."라는 구절처럼, 그는 힌두교도 청년이 쏜 총알을 맞던 자리에서조차 그가 선택한 라마 신의 이름을 부르고 합장하며 죽었다. 죽기 직전에 씌어진 이 글은 차라리 간디가 자신의 죽음을 예고한 것 같은 생각마저 들게 한다.

2. 진리파지 운동

사땨그라하, 곧 진리파지란 무엇인
가? 그것은 진리를 붙잡고 놓지 않는 것이며, 인간 사회에서 발견되는
모든 부정의를 거부하는 마음의 태도이자 부당한 모든 제도, 법률, 사
회에 대한 저항 운동이다. 그러므로 나쁜 법안과 규율을 만드는 정부,
사악한 풍속을 고치지 않는 사회, 부당한 것을 요구하는 부모나 자식,
형제, 친구가 모두 진리파지의 대상이 될 수 있다.

간디의 진리파지는 아주 다양한 형태를 띠고 있었다. 비협조 운동, 시
민 불복종 운동, 단식, 스와데시, 국내에서 생산된 옷감만을 사용하는
것, 물레의 부흥 운동, 외제 천의 소각, 파업, 부당한 납세의 거부 등.

간디는 나쁜 법안을 법률로 제정하려는 정부나 국회에 대해 시민 불
복종 운동을 벌이는 것이 시민의 당연한 의무라고 보았다. 하지만 그 운
동이 진리와 비폭력 원리를 위협할 경우 간디는 이를 즉시 중지시켰다.

간디가 독립을 위해서 투쟁하던 당시에 비협조 운동이 있었고, 비협
조 운동의 일부로 외국 제품 불매 운동과 등교 거부가 있었다. 등교 거

부란 영국 정부가 세운 학교에 학생을 보내지 않는 운동이었다. 간디는 정부 조직의 하나인 학교가 악이라면 그 악에 저항하는 것, 곧 등교를 거부하는 것이 모두의 의무라고 보았다. 하지만 인도의 시성(詩聖) 타고르는 등교 거부에 대해서 반대하고 비협조 운동의 부정적인 모습에 커다란 의구심을 표명했다. 타고르와 간디는 나라의 독립에 대한 열망이 똑같았고 서로를 존중하는 사이였지만, 스와라즈를 위한 비협조의 원리를 적용하는 데 있어서는 서로 생각이 달랐다. 간디는 타고르의 이런 의구심에 대해 글을 통해 답하려고 했다. 간디는 진리를 추구하는 길에는 화합도 도모해야 하지만, 때로는 서로 갈등할 수밖에 없다고 보았다.

사따그라하란 부당한 모든 것에 도전하는 마음의 태도다

사따그라히, 곧 진리파지자는 진정으로 두려움이 없어진 사람이기 때문에 다른 사람들은 불가능할 정도로 자유를 누린다. 일단 그의 마음에서 공포가 제거되면, 타인의 노예가 되는 것에 절대로 동의하지 않을 것이다. 그는 이런 심리 상태를 얻은 뒤에는 어떤 독단적인 행동에도 결코 순종하지 않는다.

그런 의미의 진리파지는 정부에 대항해서만이 아니라 필요하다면 사회에 대항해서도 실행될 수 있고 실행되어야 한다. 정부만큼이나 사회도 잘못하는 경우가 종종 있기 때문이다. 이런 경우 사회에 대항해서 진리파지를 사용하는 것은 우리의 의무다. 소로는 동포들이 노예 교역에서 잘못을 범했다고 생각하고 그들에게 저항했다. 위대한 루터(Martin Luther, 1483~1546, 독일의 종교 개혁가)는 혼자서 자신의 동포에게 도전했는데, 오늘날 독일이 자유를 누리는 것은 순전히 그의 덕분이다. 그리고 갈릴레이(Galileo Galilei, 1564~1642, 이탈리아의 천문학자)도 사회에 대항했다. 사람들은 그를 죽이려고 들었지만 그는 조금도 기죽지 않고 지구가 태양 주위를 돈다는 진실을 그들에게 말했다.

이와 같은 놀라운 치유책이 진리파지다. 정부가 아시아인 법안[모든 아시아인들에게 인두세(人頭稅, 납세 능력의 차이를 고려하지 않고 각 개인에게 일률적으로 매기는 세금)를 부과하는 법안]을 폐기하지 않을 경우 어떤 일이 생기는지 겁에 질려 묻는다면, 우리는 진리파지의 결점을 드러내거나, 진리파지의 무기를 상실한 뒤 거세된 듯 말하는 꼴이 될 것이다. 하지만 분명 진리파지는 우리를 자유롭게 하고 우리가 독립된 존재임을 느끼게 해 준다.

이제 우리의 견해를 정당화해 보자. 보통 어떤 것을 얻을 때 특정한 방법을 사용했다면, 우리는 그것을 유지할 때도 같은 방법을 사용해야 한다. 힘으로 얻은 것은 힘으로만 유지될 수 있다. 호랑이는 먹잇감을 힘으로 잡고 힘으로 간직한다. 어린아이를 처벌하는 것은 무력 사용으로 해석되어서는 안 된다. 이와 마찬가지로 우리가 진리파지로 얻은 것은 진리파지를 통해서만 지켜낼 수 있다. 우리가 진리파지를 포기하면 그것으로 얻었던 것도 잃을 것은 당연하다. 더구나 진리파지로 얻은 것을 물리력을 통해 유지할 수는 없을 것이다.

이런 사례들은 진리파지가 실제로는 마음의 태도라는 점을 보여준다. 진리파지라는 마음의 경지에 도달한 사람은 언제 어느 장소에서든 어떤 조건에서든, 그가 반대하는 것이 정부든 민중이든 이방인이든 친구든 친척이든 항상 승자가 될 수 있다.

우리가 인도에서 정부와의 관계뿐만 아니라 개인의 관계에서도 불쌍하고 겁 많은 종족으로 살아가고 있는 이유는 진리파지의 경이로움을 제대로 평가하지 않았기 때문이다. 우리나라에 그릇된 풍속들이 남아 있는 주된 이유 역시 우리에게 진리파지의 정신이 없기 때문이다. 우리는 어떤 풍속이 나쁘다는 것을 잘 알면서도 겁이나 나태, 또는 타인들에 대한 가당치도 않은 고려 때문에 그런 풍속을 종식시키기 위한 어떤 일도 거의 하지 않는다.

—〈진리파지의 비밀(Secret of Satyagraha)〉《인디언 오피니언》(1908.2.22)

이 글은 간디가 남아프리카에서 인종 차별에 대항해서 시민 불복종 운동을 일으켰던 때에 쓴 글이다. 소로, 루터, 갈릴레이는 모두 그들이 속해 있던 사회나 동포들이 범하는 잘못에 저항해서 사땨그라하 투쟁을 벌인 사람들이었다. 이들 모두 간디가 벌인 사땨그라하 운동에 모범

남아프리카 변호사 시절의 간디 (1906년)
간디는 남아프리카에 머물던 시절, 비폭력 저항 운동을 이끌며 인종 차별에 대항하는 등 영국 제
국주의에 투쟁할 정치적이고도 영적인 기반을 닦았다.

이 되었을 것이다.

이 글에 "진리파지로 얻은 것은 진리파지를 통해서만 지켜낼 수 있다."는 구절이 있다. 이 구절은 비폭력 저항과 관련해서 목적이 수단을 정당화할 수 없음을 말하고 있다. 간디에게 비폭력이라는 수단은 단순한 수단이 아니라 그 자체가 바로 목적이었던 것이다.

폭력적인 시민 불복종은 당장 중지해야 한다

내가 시민 불복종의 일시 중시를 권고하는 데 슬픔이 없는 것은 아닙니다. 내가 일시 중지를 권고하는 이유는 불복종의 효과에 대한 믿음이 적어서가 아니라, 그 어느 때보다도 큰 믿음을 갖고 있기 때문입니다. 즉 진리파지 법칙에 대한 나의 시각 때문입니다. 내가 대규모 운동을 시작했을 때, 미안한 일이지만 나는 악의 힘을 과소평가했습니다. 나는 이제 잠시 멈춰 이 상황을 어떻게 잘 타개할 것인지를 살펴보고자 합니다. 정부는 현명하지 못하게도 나를 델리에 들어가지 못하게 했고, 그래서 내게 정부의 명령에 불복하도록 강요하는 꼴이 되고 말았습니다. 만일 정부가 그렇게 하지 않았다면, 지난주 아마다바드와 비람감(Viramgam, 구자라뜨 주의 지명)에서의 그 무서운 일은 일어나지 않았을 것입니다. 진리파지는 그 폭동의 원인도 기회도 아니었습니다. 진리파지의 존재 의미는 종전에 있었던 무법의 요소들을 억제하는 것에 있었습니다. 부드러운 억제책으로 말입니다. 뻔자브에서 발생한 사건은 진리파지 운동과 무관하다는 것이 정설로 받아들여지고 있습니다.

진리파지는 수많은 가지를 지닌 보리수나무와 같습니다. 시민 불복종은 그 가지들 가운데 하나입니다. 사땨와 아힘사는 함께 모체인 줄기를 이루는데, 여기에서 수없이 많은 가지들이 모두 뻗어 나옵니다. 우리는 쓰디쓴 경험을 겪었기 때문에 무법의 분위기에서도 시민 불복종의 원칙이 잘 받아들여지고 있음을 보았습니다. 하지만 시민 불복종을 이끌어 내는 유일한 원천인 사땨와 아힘사는 거의 언급되지 않거나 존중되지 못하고 있습니다. 이것은 매우 어려운 과제입니다. 그러나 우리는 움츠러들어서는 안 됩니다. 우리는 두려움 없이 사땨와 아힘사의 원칙을 확산시켜야 하고, 그 다음에야 비로소 대규모 진리파지에 착수할 수 있을 것입니다.

이 해명서의 주요하고도 유일한 목적은 모든 사땨그라히들에게 시민 불복종의 일시적 중지를 권유하고, 질서 회복을 위해서 정부에 효과적으로 협조하게 하고, 위에서 언급한 두 개의 근본 원리를 설교와 실천으로 고수하도록 하는 것에 있습니다.

─〈시민 불복종의 중지에 대해 언론에 발표한 성명서
(Press Statement on Suspension of Civil Disobedience)〉《더 힌두》(1919.4.21)

1919년 3월 인도의 모든 당파들이 반대하던 롤래트 법안이 통과되어 법으로 확정되었다. 간디는 그 법안을 "부당하고 자유의 원칙을 파괴하며 개인의 기본적 권리를 말살하는 것"으로 규정하고 전국에서 파업, 즉 모든 사업장과 일터의 폐쇄를 실시했다. 그런데 간디의 예상과는 달리 파업은 폭력 사태로 변질됐다. 그 소용돌이 속에서 간디는 기차로 뭄바이에서 델리로 이동했다. 그런데 정부는 간디의 존재가 치안을 방해할 가능성이 있다는 이유로 그를 뻰자브와 델리에 들어오지 못하게 했고, 이에 그는 기차로 다시 뭄바이에 돌아왔다. 그리고 뭄바이 역에서 경찰과 군중이 충돌했다. 간디는 파업 선언 이후 광범위하게 확산된 폭동에 상당히 충격을 받아서 자신의 표현대로 "히말라야만큼 큰 오산"에 대해 고백하고 파업의 중지를 요구하는 성명서를 발표하게 된다. 간디는 "아군"의 폭력이라도 그것이 폭력인 한 조금도 인정하지 않았던 것이다.

타고르 선생, 등교 거부에 대해 불안해하지 마십시오

타고르 선생은 권위가 높아지자 책임감이 더 무거워졌다. 인도에 대한 그의 최대의 봉사는 인도가 세계에 주는 메시지에 대한 시적인 해석임에 틀림없다. 그래서 시인은 인도가 인도의 이름으로 세계에 거짓되거나 나약한 메시지를 주어서는 안 된다고 진지하게 우려한다. 따라서 그가 조국의 평판에 대해 조바심을 내는 것은 당연하다. 그는 현재의 운동에 자신을 맞춰 보려고 열심히 노력했지만 당혹함을 느낀다고 고백했다. 그는 비협조 운동의 소음과 야단법석 속에서 자신의 시를 위해 아무 것도 찾을 수가 없었다고 한다. 그는 세 통의 편지에서 아주 강력한 어조로 자신의 의혹을 표현하기 위해 힘썼고, 비협조는 그가 꿈꾸는 인도에 별로 귀중한 것이 아니라는 결론, 즉 비협조가 부정(否定)과 절망의 원리라는 결론에 도달했다. 그는 그것이 분리, 배제, 편협의 원리일지도 모른다고 우려하고 있다.

나는 아주 겸손한 마음으로 시인의 의심에 대해 답해 보려고 애쓸 것이나, 타고르와 그의 말에 감동한 독자들에게 그다지 확신을 심어 주지 못할 수도 있다. 하지만 나는 그에게 그리고 인도에게, 비협조를 이념으로 생각하는 한 비협조는 두려워해야 할 대상이 아님을, 비협조를 수용했다고 해서 조국에 대해 부끄러워해야 할 이유는 없다는 사실을 확인해 주고 싶다. 만일 비협조를 실제로 적용했을 때 그것이 끝내 실패한 것처럼 보인다고 해도, 그것은 그 원리의 잘못이 아니다. 이는 진리를 실천한다고 주장하는 자들이 별로 성공하지 못한 것처럼 보였을 때 그것이 진리의 잘못이 아닌 것과 같다. 어쩌면 비협조를 실천하기에는 다소 시기상조였는지도 모른다. 그렇다면 인도와 세계는 기다려야 한다. 하지만 어디까지나 인도는 폭력과 비협조 중에서 양자택일할 수밖에 없다.

시인은 비협조가 인도와 서구 사이에 만리장성을 쌓기 위한 의도가 아닌가 하며 두려워할 필요가 없다. 비협조는 상호 존중과 신뢰에 기초를 둔 협조, 참되고 명예롭고 자발적인 협조로 나가고자 하는 의도를 갖고 있다. 우리의 투쟁은 강제적인 협조, 일방적인 결합, 그리고 문명이란 이름의 가면을 쓴 채 착취라는 근대적 방식을 무력으로 강요하는 것에 대항해 치러지고 있다. 비협조는 악에 무의식적으로, 비자발적으로 가담하는 것에 대한 항거다.

시인의 관심은 주로 학생들이다. 그는 학생들이 갈 수 있는 다른 학교가 생기기 전까지 정부의 학교를 포기해서는 안 된다는 견해를 갖고 있다. 여기에서 나는 그와 다른 의견을 가질 수밖에 없다. 나는 학문적인 교육을 결코 맹목적으로 숭배할 수 없다. 나의 경험에서는, 학문적인 교육이 그 자체로는 사람의 도덕적 위상을 높이는 데 보탬이 전혀 없었고, 인격 형성과 학문적인 교육은 별개의 것임을 충분히 증명해 주었을 뿐이다. 정부의 학교가 우리의 용기를 꺾고 우리를 무력하게 하고 신을 없애 버렸다는 견해를 나는 굳게 갖고 있다. 그들은 우리를 불만족으로 채웠고, 그 불만족에 대해 아무런 치유책을 제공하지 않아 우리를 낙담 속에 빠뜨리고 말았다. 그들은 자신들의 뜻대로 우리를 서기나 번역자로 만들었다. 청소년은 나라의 희망이다. 나는 정부 조직이 전적으로 또는 주로 악이었다는 점을 발견하자마자, 우리 아동들을 그것과 관계시켜서는 안 된다고 생각했다.

　그러나 소년들을 학교에서 불러내는 일에 대한 시인의 항의는 비협조 원리를 반대하기에 당연한 귀결이라고 할 수 있다. 그는 부정적인 것 일체를 몸서리치게 싫어한다. 그의 혼 전체가 종교의 부정적인 명령에 대해 항거하는 것 같다. 내 의견으로 거부는 어떤 것의 수용만큼이나 이상적인 것의 하나다. 진리를 수용하는 것이 필수적이라면, 허위를 부정하는 것도 그만큼 필수적이다.

　모든 종교는 두 개의 반대되는 힘이 우리에게 작용하고 있음을, 인간의 노력이 영원한 거부와 영원한 수용의 연속으로 이루어지고 있음을 가르치고 있다. 악과의 비협조가 의무인 것은 선과의 협조가 의무인 것과 같다. 시인이 열반을 순전히 부정적인 상태로만 묘사함으로써 불교를 무의식적으로 부당하게 대접했다고 나는 과감히 주장한다.

　그래서 나는 시인이 비협조의 부정적인 측면에 대해 불필요하게 겁먹었다고 생각한다. 우리는 '아니오'라고 말할 힘을 상실했다. 정부에 대해 '아니오'라고 말하는 것이 국가에 대한 불충성이 되었고 거의 신성 모독처럼 되어 버렸다. 협조에 대한 의도적인 거부는 경작자가 파종하기 전 반드시 해야 하는 필수적인 제초 작업과 같다. 인도인의 비협조는 인도가 정한 방식대로 우리에게 협조할 수 있도록 정부를 초청하는 일이다. 이렇게 하는 것은 모든 국민의 권리이고 모든 선한 정부의 의무다.

비협조는 우리 국민이 타국의 보호 아래에서는 더 이상 만족할 수 없다는 정식 통고다. 우리 국민은 부자연스럽고 비종교적인 폭력의 원리 대신 비협조라는 해롭지 않고 자연스러우면서도 종교적인 원리로 돌아갔다. 그리고 시인이 꿈꾸는 스와라즈는 비폭력적인 비협조를 통해서만 가능할 것이다. 시인으로 하여금 평화에 대한 그의 메시지를 세계에 전하도록 하자. 시인으로 하여금 인도가 만일 자신의 서약에 충실하기만 하다면, 비협조를 통해 시인의 메시지를 실증할 수 있을 것이라는 확신을 갖게 하자. 비협조는 시인이 그토록 갈망하는 애국심에 진정한 의미를 부여하려는 의도에서 나온 것이다. 유럽의 발아래 엎드려 있는 인도는 인류에게 아무런 희망도 줄 수 없다. 각성한 인도, 자유로운 인도만이 신음하는 세계에 평화와 선의의 메시지를 전할 것이다. 비협조의 의도는 인도에 그 메시지를 설교할 수 있는 연단을 제공하려는 것이다.

– 〈시인의 불안(The Poet's Anxiety)〉《영 인디아》(1921.6.1)

동방의 시성이라 불리던 세계적 시인 타고르는 간디의 비협조 운동, 특히 등교 거부에 대해 의혹을 갖고 문제 제기를 했고, 간디는 그런 의혹을 잠재우기 위해 이 글을 썼다.

간디가 전면적인 비협조 운동을 벌인 것은 1920년이었다. 그리고 간디는 1921년 6월 〈시인의 불안〉을 《영 인디아》에 게재했다. 이 무렵 타고르는 간디의 설득에도 불구하고 비협조 운동에 대한 불안감과 의혹을 털어 낼 수 없었다. 동양의 영성과 서양의 과학 사이의 협조를 믿고 있었던 타고르는 '진리의 부름'이라는 강연에서 간디의 비협조 운동에 대해 정면 도전했다. 이 강연은 간디의 글 〈시인의 불안〉에 대한 타고르의 답변이었던 것이다.

타고르는 1921년 샨띠니께딴(Shantiniketan)에 비스바 바라띠(Visva Bharati) 대학을 세우고, 그 대학의 모토를 '세계 전체가 하나의 둥지에서 만나는 곳'으로 선택했다. 간디가 민족주의를 강조하고 비협조 운동을 펴는 동안, 국제주의자의 성향을 지녔던 타고르는 그의 대학에서 동서양의 최선의 것을 결합하는 일에 몰두하고 있었다. 로맹 롤랑은 이렇게 말하고 있다. "타고르가 세상의 이쪽 끝에서 동양과 서양의 협조를 설교하는 바로 그 순간 세상의 저쪽 끝에서 간디는 비협조에 대해 설교했다." 타고르는 '진리의 부름' 강연 이전에도, 간디의 비협조 운동에 대해 우려하고 있었다. 이슈 중에 하나는 영어에 의한 교육이었다. 간디는 1921년 3월에 쓴 편지에서 영어에 의한 교육보다 자국 언어에 의한 교육에 이점이 더 많다고 하면서 영어 교육을 부정적으로 보았다. 이에 대해 타고르는 편지에서 간디를 "자신의 교리에 취한 자, 이기주의자"라고 비판했다.

간디는 〈시인의 불안〉에서 등교 거부 운동에는 긍정적인 면도 있다고

타고르와 간디(1940년)
타고르(사진 왼쪽)와 간디는 비협조 운동에 있어 서로 다른 견해를 보이기도 했지만, 오랜 기간 서로
에 대해 깊은 존경심을 표하던 관계였다.

했다. 그것은 불교에서 말하는 열반에 긍정적인 면이 있는 것과 마찬가지다. 간디가 따로 설명하고 있지는 않지만, 열반은 그 안에 탐욕, 분노, 어리석음 같은 일체의 감정이 없어진다는 면에서는 부정적이고 그 결과로 사랑과 자비가 생긴다는 면에서는 긍정적이기 때문이다. 비협조와 열반은 이해하면서 종교에는 반드시 '부정'의 측면도 있다는 점을 보지 못했다는 것이 간디가 행한 타고르 비판의 핵심이다.

타고르는 '진리의 부름' 강연에서 간디를 예찬하면서도 1905년의 벵골 지역 스와데시 투쟁과 비협조 운동 과정에서 발생한 폭동을 생각하고, 1921년 비협조 운동에 참여한 군중들이 분출한 분노에 대해 다음과 같이 비판했다. "감정은 불과 같아서 자체의 연료를 태우고 스스로 재가 되고 만다. 감정만으로는 창조의 힘이 전혀 없다." 타고르가 우려한 대로 군중 속에서 축적된 분노는 말과 행동에서 폭력으로 흘러갔고, 간디는 1922년 2월 비협조 운동을 중지할 수밖에 없었다. 타고르는 1900년대 초기에 벵골 지역에서 스와데시 운동에 깊이 관여했지만, 그것이 폭력적으로 변질되자 그만둔 전력이 있다.

또 타고르는 등교 거부와 같은 비협조 운동이 인도와 서구 사이에 만리장성을 쌓고 적대적인 관계를 형성하게 할 수도 있다는 판단 아래 간디의 비협조 운동에 반대했다. 하지만 간디는 이 운동을, 인도가 악의 세력인 대영 제국의 보호 아래 더 이상 있을 수 없다는 정식 통고로서 간주했고, 이는 인도의 자치를 위해 반드시 필요한 것이라고 생각했다.

즉 간디에게 비협조 운동은 악의 세력에 대해 폭력으로 저항하는 것이 아니라, 비폭력이라는 종교적인 원리로 저항함으로써, 인도가 실천할 수 있는 선의와 평화의 메시지를 전하는 것이었다.

3. 의무와 무소유

인간의 역사는 권리 신장의 역사로 볼 수 있다. 오늘날 우리가 누리는 민주주의 국가의 국민 권리를 얻기까지도 수많은 저항과 권리 투쟁이 있었다. 그러나 하나의 국가 또는 사회에서 오직 권리만이 존재하는 것은 아니다. 함께 더불어 살아가기 위해서는 반드시 제약과 의무가 따르기 마련이고, 우리 헌법 역시 국민이 누리는 기본적인 권리 외에 국민으로서 지켜야 할 의무를 규정하고 있다. 권리와 의무는 현재의 문제만은 아니다. 그것은 간디가 살던 시대에도 존재했던 숙제였다.

그렇다면 의무 수행과 권리 향유 중 우리는 무엇을 먼저 해야 하는가? 간디는 국민으로서 권리를 향유하는 것보다 인간으로서 의무를 수행하는 일이 먼저라고 보았다. 간디에 의하면 진리와 비폭력, 진리파지의 의무보다 선행하는 권리는 존재하지 않는다. 사람들은 보통 결혼을 하고 육신의 쾌락에 탐닉하고 재산을 축적할 수 있는 권리를 누리고 싶어 한다. 하지만 간디는 올바른 진리파지자가 가는 길은 달라야 한다고 생각했다. 그에 따르면 비폭력, 순결, 무소유의 의무를 수행하지 않고서는 종교적 실현이나 자아실현도 불가능하고 올바른 인간도 될 수 없다. 그래서 간디는 인도를 "향락의 땅이 아니라 의무의 땅"이라고 말하기도 했다.

또한 간디는 스스로를 사회주의자라고 자처할 정도로 사람들 사이의 단일성, 곧 평등성을 믿었다. 사회주의란 쉽게 해석하자면 왕과 농민, 부자와 가난한 자, 고용주와 종업원처럼 서로 하는 일은 달라도 그 사이에 귀천과 차별이 있어서는 안 된다고 보는 태도다. 그리고 간디는 사회주의를 건설하기 위해 계급 간의 전쟁이나 폭력을 동원하는 것은 옳지 못하다고 생각했다. 사회주의를 실현하는 첫 걸음은, 먼저 사회주의로 회심(回心)하는 것이며, 바로 그것을 실천하기 위해 모두 진리와 비폭력, 진리파지와 같은 의무를 지켜야 한다는 것이다.

이런 맥락에서 간디는 모든 사람에게는 브라만, 끄샤뜨리아, 바이샤, 수드라라는 계급적 차이를 불문하고 생계를 위한 노동의 의무가 있다고 보았고, 노동을 하는 자만이 자아를 실현할 수 있다고 생각했다. 노동의 원리를 지키지 못하면 사람은 사치에 탐닉하게 되거나 가난에 시달리게 된다. 간디가 보기에 15세기 인도의 성자이자 시인인 까비르(Kabir)와 타고르 역시 이런 노동의 의무를 지킨 좋은 예였다. 까비르는 실제로 베를 짜는 직조공이었고, 타고르는 최소한 시를 팔아서 생계를 꾸려 나가지는 않았으며, 노동을 경멸하지 않았다. 마찬가지로 예수는 목수였고, 부처는 유랑하면서 육체노동을 했을 가능성이 높고, 톨스토이 역시 노동을 했다고 말했다. 그리고 노동의 원리는 바로 무소유의 실천으로 이어진다. 무소유를 지키게 되면 사람은 누구나 욕심을 버리고 스스로의 노동에 의해 살아가게 되기 때문이다.

그런데 간디가 강조한 노동의 원리와 물레질을 두고 타고르는 좀 다른 견해를 갖고 있었던 것 같다. 1921년 9월 간디는 자신의 운동에 대해 타고르의 지지를 얻고자 캘커타로 갔다. 간디는 과거 타고르가 주도한 벵골 스와데시 운동이 생각나 "나의 스와라즈 운동은 당신의 스와데시 운동의 자연적인 자손입니다."라고 하면서 타고르에게 물레질하기를 요청했다고 한다. 이에 대해 타고르는 미소를 띠면서 다음과 같이 말했다고 한다. "나는 시나 노래를 뽑아낼 수는 있습니다. 하지만 내가 실을 뽑아낸다면 나는 당신의 귀한 무명을 엉망으로 만들고 말 것입니다."

의무를 수행하고 난 다음 권리를 주장하라

만일 모든 사람들이 권리만을 역설하고 의무에 대해 말하지 않는다면, 엄청난 혼란과 혼돈이 있을 것이다. 사람들이 권리에 대해 역설하는 대신 각자 자신들의 의무를 다한다면, 인간 세계에는 질서의 통치가 당장 확립될 것이다.

올바로 이행된 의무에서 직접 이끌어지지 않은 권리는 가질 만한 가치가 없음을 나는 감히 말한다. 그 권리들은 강탈이며 빨리 버리면 버릴수록 좋다. 자신들의 의무를 먼저 수행하지 않고 자식들의 복종을 주장하는 비열한 부모는 오로지 경멸만을 불러올 뿐이다. 방탕한 남편이 충직한 아내로부터 전면적인 순종을 기대하는 것은 종교 계율의 왜곡이다. 자식에 대한 자신의 의무를 수행할 각오가 되어 있는 부모를 업신여기는 자식들은 배은망덕하게 간주될 수 있고, 부모를 해치는 것 이상 자기 자신을 해치게 될 것이다. 남편과 아내 사이에 대해서도 같은 말을 할 수 있다. 여러분은 현재, 세계의 다른 곳과 마찬가지로 인도에서 생활과 사업상 일어난 동요와 혼란을 목격하고 있다. 그런데 여러분이 이런 간단하고 보편적인 규칙을 고용주와 노동자, 지주와 소작인, 군주와 신하, 또는 힌두교도와 무슬림에게 적용한다면, 앞에서 말한 동요와 혼란이 일어나지 않는 가장 행복한 관계가 모든 세상살이에서 확립될 수 있음을 알게 될 것이다. 내가 사땨그라하 법칙이라고 부르는 것은 의무의 인정과 거기에서 나오는 권리의 인정으로부터 끌어낼 수 있다.

무슬림 이웃에 대한 힌두교도의 의무는 무엇인가? 그의 의무는 그를 인간으로 취급하고 친구가 되는 일, 그의 기쁨과 슬픔을 공유하고 곤란에 처한 그를 돕는 일이다. 그렇게 되면 그는 무슬림 이웃으로부터 비슷한 대접을 기대할 권리를 갖게 되고, 아마 예상했던 반응을 얻게 될 것이다.

먼저 올바로 이행된 의무에서 모든 권리를 끌어낸다는 원리를 사람들이 실천하지 않기 때문에 현 상황 전체가 우리를 당혹하게 만든다. 내가 말한 것은 모든 상황에 쉽게 적용할 수 있으며, 그렇게 되면 이익을 얻을 것이다.

동일한 규칙이 군주들과 농민들에게도 적용된다. 군주들의 의무는 백성의 충복으로서 행동하는 것이다. 그들은 어떤 외부의 권력, 즉 영국 통치자들에 의해 허용된 권리나 무력 사용의 권리를 따라 통치해서는 절대로 안 된다. 그들은 봉사의 권리, 보다 더 큰 지혜의 권리에 의해 통치해야 한다. 그렇게 하면 그들은 자발적으로 납부하는 세금을 징세할 권리를 갖게 될 것이고, 마찬가지로 자발적으로 행하는 봉사를 기대할 수 있는 권리를 갖게 될 것이다. 그러나 사실 그것조차 자신들을 위해서가 아니라 그들의 보호 하에 있는 백성을 위해서다. 만일 그들이 이 기초적이며 간단한 의무 수행에 실패한다면, 농민들도 수행해야 할 의무가 없을 뿐만 아니라, 왕의 강탈에 저항할 의무가 생긴다. 즉 농민들은 강탈이나 실정(失政)에 저항할 권리를 얻는다고도 말할 수 있을 것이다. 그러나 그 저항이 살인, 강탈, 약탈의 모습을 취한다면, 그것은 의무의 이름을 지니고 있긴 해도 틀림없는 인간에 대한 범죄가 될 것이다. 의무 수행이 저절로 만들어 내는 힘은 샤뜨그라하가 만들어 내는 비폭력적인 힘이며 무적

(無敵)의 힘일 것이다.

－〈권리냐 의무냐(Rights or Duties?)〉 《하리잔》(1947.7.6)

권리 향유에 앞서 의무를 먼저 수행해야 한다는 원칙은 왕과 농민, 부모와 자식 등 모든 사회적 관계에 고루 적용되어야 한다. 왕이 왕의 의무를 제대로 수행하지 않는다면 농민은 그에 대해 저항심을 가질 수 있다. 하지만 농민이 저항하는 경우에도 비폭력의 의무는 지켜져야 한다. 즉 의무를 먼저 인정하고 거기에 따르는 권리를 수용하는 데서 나오는 것이 바로 사땨그라하 법칙이다. 간디는 인간의 의무로서 자아실현, 진리, 비폭력, 봉사, 생계를 위한 노동, 자발적인 가난 등을 제시하고 있다. 또한 의무를 먼저 수행해야 한다는 것 자체가 의무다.

간디는 보통 봉사를 의무로 불렀는데, 여기서는 봉사를 권리라고 부르고 있다. 만일 왕이 농민이나 백성에 대해 권리를 갖는다면 그것은 봉사의 권리에 의해 통치하는 것이고, 바로 그 경우에만 세금을 거둘 권리를 갖는다. 그래서 봉사는 의무이면서 동시에 권리인 것이다.

무소유의 의무

안녕, 나란다스!

무소유는 훔치지 않기, 즉 불투도와 연결되어 있다. 애당초 훔친 물건은 아니지만 필요도 없는데 소유하고 있다면 그것도 훔친 물건으로 분류되어야 한다. 소유는 미래를 위한 준비를 함축한다. 그러나 진리를 추구하는 자, 사랑의 법칙을 추종하는 자는 내일을 대비해 어떤 것도 쌓아 두지 않는다. 신은 내일을 위해서 아무 것도 준비하지 않으신다. 그분은 그 순간에 꼭 필요한 것 이상은 절대 창조하지 않으신다. 우리가 만일 그분의 섭리를 믿는다면 그분이 우리에게 매일 일용할 양식, 즉 필요로 하는 모든 것을 주실 것임을 확신해야 할 것이다.

성자들과 신앙인들은 그들의 경험으로 신의 섭리가 정당하다는 것을 알았다. 신의 법은 인간에게 하루하루 이용할 양식만을 주고, 그 이상은 주지 않는다. 그 법에 대한 우리의 무지 내지는 무시가 갖가지 불평등과 그것들에 따라오는 온갖 불행을 낳았다. 부자들은 필요 없는 것들을 여분으로 저장하고 있는데, 이것들은 그래서 소홀히 다뤄지고 낭비된다. 수백만 명의 사람들이 생계 수단이 없어서 굶어 죽어가고 있는데도 그러하다. 만일 우리 각자가 오직 필요한 것만 소유한다면, 아무도 궁핍 속에 살지 않을 것이고 모두 만족 속에 살게 될 것이다.

무소유의 이상을 완전하게 충족시키기 위해서는 사람들도 새들과 마찬가지로 머리 위에 덮을 지붕을 갖지 말아야 하고 내일을 위해 저장해 둔 음식이나 옷이 없어야 한다. 사람은 실제로 일용의 빵이 필요하지만 그것을 제공하는 것은 신의 일이지 자신의 일이 아니다. 이와 같은 이상에 도달할 수 있는 사람은 오직 극소수에 불과할 것이다. 하지만 우리 같은 평범한 구도자들도 겉으로 보기에 불가능하다고 해서 그대로 물러서서는 안 된다. 우리는 무소유의 이상을 끊임없이 우리 앞에 두고서, 그 이상에 비춰 우리의 소유물을 비판적으로 검토하고 그것을 줄이도록 노력해야 할 것이다. 진정한 의미의 문명은 필요의 증대에 있는 것이 아니라 의도적이며 자발적인 필요의 감소에 있다. 이것만이 진정한 행복과 만족을 진작시키고 봉사의 능력을 증대시킨다.

이 기준으로 판단해 보건대, 우리는 아슈람에서 꼭 필요한 것인지 입증되지도 않은 많은 물건들을 소유하고 있으며, 그래서 우리 이웃으로 하여금 그것들을 훔치도록 유혹하고 있다. 민중은 스스로 노력한다면 자신들의 필요를 감소시킬 수 있으며, 필요가 감소하면 점점 행복해지고 점점 평화로워질 것이고 점점 건강해질 것이다. 순수한 진리의 관점에서 보면 육신 역시 소유물이다. 즐거움에 대한 욕망이 혼을 위해 육신들을 창조하고 그것들을 유지한다고들 하는데, 이 말은 진실이다. 이 욕망이 사라지면, 육신을 위한 욕구는 더 이상 남아 있지 않게 되고, 사람은 생사의 악순환에서 자유롭게 된다. 혼은 무소부재(無所不在, 존재하지 않는 곳이 없음)다. 그 혼이 왜 새장 같은 육신 속에 갇혀 있기를 바라겠는가? 또는 혼이 왜 그 새장을 위해 악을 범하거나 다른 존재를 죽이기까지 해야 하는가? 그리하여 우리는 전면적인 포기의 이상에 도달하게 되고, 육신이 존재하는 한 봉사를 위해서 그 육신을 사용해야 한다는 점, 빵이 아니라 봉사가 우리 생명의 양식이라는 점을 배운다. 우리는 봉사를 위해서만 먹고, 마시고, 잠자고, 깨어난다. 그런 마음의 태도는 시간이 완성될 때 진정한 행복, 그리고 지복(至福, 지극한 행복)의 비전을 우리에게 가져올 것이다. 이런 관점에서 우리 모두 자신들을 반성해 보자.

우리는 무소유가 물건에 대해서뿐만 아니라 생각에 대해서도 적용될 수 있는 원리라는 점을 기억해야 한다. 자신의 두뇌를 쓸데없는 생각이나 지식으로 채우는 사람은 더할 나위 없이 귀한 이 원리를 어기는 것이다. 우리로 하여금 신을 외면하게 만드는 생각, 그에게로 향하지 않게 하는 생각은 불필요한 소유물이고 우리 앞길에 놓여 있는 장애물이다. 이와 관련해서 우리는 《기따》 13장에 들어 있는 지식에 대한 정의를 염두에 둘 수 있을 것이다. 거기에서는 겸손 등이 지식을 이루며 다른 모든 것은 무지라고 말한다. 만일 이것이 사실이라면—틀림없이 사실이겠지만—오늘날 우리가 지식이라고 여기며 끌어안는 많은 것들이 그저 무지일 뿐이고, 따라서 그것들은 어떤 이익을 주기보다는 해를 끼칠 뿐이다. 그런 지식은 마음을 방황하게 하고 심지어 공허하게 만든다. 그리고 악은 부단히 가지치기를 해, 그 속에서 불만족이 번성할 것이다. 말할 것도 없이, 나는 우리의 무기력을 기원하는 것이 아니다. 우리 인생의 모든 순간은 정신적이거나 육체적인 행위로 차 있고, 그 행위는 진리로 나아가려는 것이어야 한다. 자신의 삶을 봉사에 바치는 자는 단 한 순간이라도 게을러질 수 없다. 그리고 우리는 선행과 악행 사이를 분별하는 법을 배워야 한다. 이 분별은 봉사에 대한 일편단심과 더불어 자연스레 생길 것이다.

– 〈나란다스 간디에게 보낸 편지〉(1930.8.26)

이 편지는 예라브다(Yeravda) 감옥에서 나란다스 간디에게 보낸 것으로, 간디는 여기에서 무소유의 이상에 대해 설명하고 있다. 그는 사람들이, 내일을 위해서 아무 것도 준비하지 않는 신처럼, 하늘을 날아다니는 새처럼, 집이나 옷, 저축 없이 살아야 한다고 말한다. 오늘날의 우리에게는 지나치게 이상적일 수도 있는 말이지만 이것이 실현될 수만 있다면 세상은 매우 아름다워질 것이다. 또한 간디는 이런 무소유의 이상에 따라 생활에 필요한 모든 것을 자발적으로 감소시키면 모두가 행복, 만족, 평화, 건강, 궁극적으로 봉사의 능력을 증대시킬 수 있다고 주장한다. 우리는 무엇을 위해 사는가? 간디는 그 해답을 나눔을 위한 봉사에서 찾았던 것이다. 한편 무소유의 실천에는 불필요한 물건만이 아니라 "쓸데없는 생각이나 지식"도 포함된다. 겸손이라는 덕목이 들어 있지 않은 지식, 신을 향하지 않는 지식은 오히려 무지이고 해악이라는 것. 언뜻 보면 비현실적인 듯한 간디의 이 모든 성찰은 바쁜 일상 속에서 숨 가쁘게 살아가는 지금의 우리를 천천히 되돌아보게 한다.

사회주의로의 회심

사회주의는 아름다운 말이다. 내가 아는 한 사회주의에서는 사회의 모든 구성원들이 평등하며, 낮은 사람도 높은 사람도 없다. 우리 몸에서 머리가 몸의 맨 위에 있다고 해서 그것이 가장 높은 것도 아니고, 발바닥이 땅에 닿는다고 해서 그것이 가장 낮은 것도 아니다. 개인의 몸에 있는 지체들이 평등하듯 사회의 구성원들도 그러하다. 그리고 바로 그것이 사회주의다.

그 안에서는 왕자와 농민, 부자와 가난한 자, 고용주와 종업원들이 모두 동일한 지위에 있다. 종교 용어로 말하자면 사회주의에는 이원성이 없다. 그것은 완전한 단일성이다.

이 세상의 사회에는, 이원성이나 다원성밖에 없다. 단일성은 눈에 띄게 존재하지 않는다. 이 사람은 높고 저 사람은 낮다. 첫 번째 사람은 힌두교도며, 두 번째 사람은 이슬람교도고, 세 번째 사람은 기독교도며, 네 번째 사람은 파르시교(Parsiism, 이란의 예언자 자라투스투라를 추종하는 종교)도고, 다섯 번째 사람은 시크교(Sikhism, 인도의 뻔자브 지방을 중심으로 일어난 힌두교의 한 파)도며, 여섯 번째 사람은 유대교도다. 이 신도들 사이에도 잘게 나눈 구분들이 있다. 내가 생각하는 단일성이란, 구도들은 복수지만 그 안에 완벽한 단일성이 존재하는 것이다.

이 상태에 도달하기 위해서 우리는 사태를 철학적으로 바라만 보면서, 모든 사람들이 사회주의로 회심하기까지 스스로 움직일 필요는 없다고 말해서는 안 될 것이다. 우리는 우리 자신의 삶을 변화시키지는 않고, 연설이나 하고 당파만 형성하다가, 우리 앞에 다가온 먹잇감만을 매처럼 낚아채려고 한다. 이것은 사회주의가 아니다. 우리가 사회주의를 낚아채야 할 사냥감으로 생각하면 할수록, 그것은 우리에게서 점점 더 멀어진다.

사회주의는 최초의 회심자에서 비롯된다. 회심자 한 사람이 있다면 여러분은 그 뒤로 영(zero)을 붙일 수도 있을 것이다. 한 개의 영이 붙으면 한 사람은 열 사람이 될 것이며, 이처럼 영이 하나 부가될 때마다 이전의 수는 10배로 불어날 것이다. 하지만 회심자가 영이라면, 달리 말해 회심자가 없다면, 영이 여럿 있다고 해도 영밖에 안 된다. 영을 쓰는 데 사용된 시간과 종이는 낭비일 뿐이다.

이런 사회주의는 수정처럼 순수하다. 따라서 그것을 얻기 위해서는 수정같이 투명한 방법이 필요하다. 불순한 방법은 불순한 목표로 끝날 것이다. 왕자의 목을 벤다고 해서 왕자와 농민이 평등하게 되는 것이 아니며, 목을 베는 과정이 고용주와 종업원을 평등하게 만드는 것도 아니다. 사람은 허위에 의해 진리에 도달할 수 없다. 진실한 행동만이 진리에 도달할 수 있다. 비폭력과 진리는 쌍둥이가 아닌가? 그 대답은 당연히 '네, 그렇습니다.'다. 비폭력은 진리에, 진리는 비폭력에 깊이 박혀 있다. 그것들은 한 동전의 양면이다. 하나는 다른 하나에서 분리될 수 없다. 동전의 양면 각각을 보라. 그려진 내용은 다르지만 가치는 동일하다. 이와 같은 축복의 상태는 완벽한 순수 없이는 얻을 수 없다. 마음이나 육신에 불순함을 품어 보라. 그렇게 되면 여러분 안에는 허위와 폭력이 생길 것이다.

그러므로 오직 진실하고, 비폭력적이고, 순수한 마음을 지닌 사회주의자들만이 인도와 세계에 사회주의 사회를 건설할 수 있을 것이다. 내가 알기로는 순수하게 사회주의적인 나라는 이 세상에 단 한 곳도 없다. 앞에서 말한 방법이 아니라면, 그런 사회의 존재는 불가능할 것이다.

– 〈누가 사회주의자인가(Who Is a Socialist?)〉

《하리잔》(1947.7.13); 《하리잔반두(Harijanbandhu)》(1947.7.13)

간디는 단일성이란 말을 사용해서 사회주의를 설명하고 있다. 왕자와 농민 사이에 이원성이 아니라 단일성이 존재한다는 말은, 이들 모두가 평등하다는 것을 뜻한다. 사회주의는 모든 사람이 평등하다고 믿는 태도다. 간디는 이런 사회를 만들 수 있다는 생각에 스스로를 사회주의

자라 불렸던 것이다.

그러면 사회주의를 실현하기 위해서는 어떻게 해야 하는가? 먼저 가장 앞장선 한 사람이 사회주의로 회심해야 한다. 즉 마음을 고쳐먹어야 한다. 즉 간디는 먼저 모범이 되어서 다른 사람을 설득하고 회유해야 하지, 살인과 폭력 등의 "순수하지 않은 방법"을 동원해서 사유 재산을 몰수하려고 해서는 안 된다고 말했다. 허위와 폭력은 진리에 도달할 수 없다. 사회주의자로서 간디가 인정한 것은 "진실하고, 비폭력적이고, 순수한 마음"으로 사회주의 사회를 자발적으로 실현하는 것이었다. 그러므로 간디의 사회주의는 자발적인 사회주의라고 할 수 있다.

1947년 간디는 손녀 마누 간디에게도 사회주의에 대해 말한 적이 있다. 그는 사회주의라는 말 자체는 서양에서 온 것이지만, 그 개념은 이미 《기따》에 있었노라고 했다. 특히 간디는 《기따》 2장에 나오는 가르침, 곧 인간의 신체와 달리 인간의 혼인 아뜨만은 불멸하며 단일하다는 가르침을 늘 염두에 두었다. 간디는 부자는 자신의 부를 맡아서 관리하는 사람 정도로 여겨야 한다면서 다음과 같이 말했다. "부자들은 자신들이 소유한 부를 위탁받은 사람으로서 활동해야 한다. 그러나 그들이 폭력의 방법으로 부를 빼앗긴다면, 그것은 우리나라에 결코 이익이 되지 못할 것이다. 이것이 공산주의로 알려진 것이다."

간디는 계급 없는 사회, 사유 재산 제도의 폐지라는 사회주의 이념을, 반드시 추구해야 할 가치로 보았다. 그래서 인구의 5분의 1에 해당하는 불가촉천민이 영속적인 노예 상태로 남아 있는 한 인도는 스와라즈를 할 자격이 없다고 생각했다. 간디는 다른 글에서 마르크스가 가난한 사람들의 편이 되어서 그들의 처지를 향상시키려고 한 점을 칭찬하고, 마르크스주의자들이 보여 준 자기희생의 정신도 인정했다. 그러나 간디가 받아들일 수 없었던 것은 그들이 공산주의 이념을 달성하기 위해서 폭력을 정당화한다는 점이었다. 간디는 사회주의자든 공산주의자든 폭력을 이용해서 가진 자들을 공격하는 태도를 비판했고, 그들을 평화적으로 설득해야 한다고 당부했다.

육체노동은 보편적 의무다

질문자 바르나슈라마 다르마(카스트 제도의 계급적 의무) 아래에서 노동의 분업은 인류의 발전과 복리를 위해서 충분하지 않습니까? 당신은 계급의 의무와 노동의 의무 중에 무엇을 더 높이 평가합니까?

간 디 위 질문의 의도는 계급에 따른 의무와 노동의 의무가 서로 부딪치는 책무라는 데 있습니다. 하지만 실제로 이 양자는 서로 부딪치는 것이 아니라 동시에 발생하고 서로 필수적입니다. 계급의 의무는 사회에 속하고 노동의 의무는 개인에 속하는 것입니다. 성자들은 사회의 복리를 위해서 사회를 네 부분으로 나눴고,

그럼으로써 사회를 치명적으로 위협하는 경쟁 관계를 뿌리 뽑으려고 했습니다. 그래서 그들은 첫 번째 계급(브라만)에게는 지식의 성장이라는 책임을 맡겼고, 두 번째 계급(끄샤뜨리아)에게는 사회의 생명과 재산을 보호하는 책임을, 세 번째 계급(바이샤)에게는 교역의 책임을, 네 번째 계급(수드라)에게는 사회에 대한 봉사의 책임을 각각 맡겼습니다. 이들 네 기능은 모두 동등하게 필수적이었고 지금도 그러합니다. 그래서 하나를 높다 하고 다른 것을 낮다고 간주할 이유가 하나도 없었습니다. 마하르쉬 브야스(인도의 대서사시 《마하바라따》의 저자로 알려진 인물)는 저울의 형평에 대해 말하면서 각 개인이 자신의 바르나(varna, 계급)의 의무를 수행함으로써 구원의 자격을 얻는다고 말했습니다. 반면, 상호 경쟁과 상하의 차별은 파멸을 가져옵니다. 계급의 의무는, 어떤 계급이든 육체노동에서 면제된다는 점을 의미하는 것이 아닙니다. 노동의 의무는 각 계급에 속하는 모든 개인의 책임입니다. 브라만들 역시 자신의 손에 땔감을 들고 구루(Guru, 영적 스승)에게 가야만 했던 것입니다. 다시 말하자면, 그 역시 숲 속으로 들어가서 땔감을 모으고 가축을 쳐야 했습니다. 물론 이 일은 자신과 가족을 위한 일이지 사회를 위한 것이 아닙니다. 아동과 불구자들만이 그와 같은 육체노동에서 면제될 수 있었습니다.

톨스토이가 상세히 설명했던 생계를 위한 육체노동의 가르침은 노동의 의무에 함께 뒤따르는 것입니다. 톨스토이는 모두가 육체노동을 해야 한다면, 그것은 사람이 자신의 빵을 정신노동이 아닌 육체노동에 의해서 벌어야 한다는 것을 의미하는 것이라고 했습니다. 그리고 계급의 의무에서 각 계급의 일이 바로 사회 복리를 위한 일이었습니다. 생계가 동기는 아니었습니다. 끄샤뜨리아는 득실을 불문하고 민중을 보호해야 했습니다. 브라만은 공양을 바치든 아니든 지식을 전해야 했고, 바이샤는 돈을 벌든 말든 농사를 짓고 가축을 쳐야 했던 것입니다. 모든 사람들이 생계를 위해 육체노동을 해야 한다는 톨스토이의 가르침은 완벽하게 진실입니다. 이 보편적 의무가 소홀하게 여겨지고 망각되었기 때문에, 우리는 오늘날 이 세상에서 갖가지 비참한 불평등을 만납니다. 물론 이 세상에는 언제나 불평등이 존재할 것입니다. 그러나 때로 불평등은 한 나무에 달린 여러 나뭇잎들처럼 아름답고 유쾌하게 보일 수도 있습니다. 순수한 계급의 의무 안에도 분명 불평등이 있을 것이나, 그 불평등이 순수한 모습을 지니고 있었을 때는 그것이 유쾌하고, 평화롭고, 아름다웠습니다. 그러나 소수의 사람들이 부를 축적하기 위해서 자신의 능력을 사용하면서부터 비참한 불평등이 생겨났습니다. 선생(브라만), 군인(끄샤뜨리아), 상인(바이샤) 그리고 목수(수드라)가 사회의 복리를 위해서가 아니라 부의 축적을 위해서 자신들의 직업을 따라간다면, 계급의 의무는 파괴되고 말 것입니다. 의무와 관련해서는 부의 축적을 위한 여지란 전혀 없기 때문입니다. 사회에는 선생, 변호사, 의사, 군인 등에 대한 필요성이 존재합니다. 그러나 그들이 이기적인 목적을 위해 일을 한다면, 그들은 더 이상 사회의 보호자가 아니라 사회의 기생충이 될 것입니다.

《기따》 3장 10절은 이에 대한 위대한 원리를 자세히 설명하고 있는데, 그 내용은 다음과 같습니다.

> 옛날 쁘라자빠띠(Prajapati, 창조의 신)는 야즈냐(yajna, 제사)와 함께 피조물들을 만든 다음 말했다. "이 제사로써 그대들은 번성할지어다. 또한 이것이 그대들의 소원을 들어줄지어다."

이에 우리는 제사라는 말의 어원을 분명히 파악할 수 있을 것입니다. 제사의 의미는 육체노동이고, 이것은 신에게 드리는 예배 행위 가운데 최초의 그리고 최고의 행위입니다. 그는 우리에게 육신을 주셨습니다. 음식 없이 육신은 존재할 수 없고, 노동 없이 음식은 생산될 수 없습니다. 그 때문에 육체노동이 보편적인 의무가 되었습니다. 노동의 의무는 톨스토이 자신만의 의무가 아니라 전 세계의 의무입니다. 이 위대한 제사에 대한 무지 때문에 사람들은 이 세상에서 악의 화신을 예배하게 되었고, 영리한 자들은 다른 사람들을 착취하기 위해서 자신의 재능을 사용하게 되었습니다. 신이 탐욕스럽지 않다는 것은 명백합니다. 그분은 전능한 존재로서 모든 인간이나 모든 살아 있는 피조물을 위해서 충분한 정도의 음식물을 매일 창조하십니다. 이 위대한 진리를 모르고 소수의 사람들은 온갖 종류의 사치에 탐닉하고 그럼으로써 많은 사람들을 굶어 죽게 합니다. 만일 그들이 이 탐욕을 포기하고 자신의 생계를 위해 일하며 필요한 만큼만 먹는다면, 우리가 오늘날 목격하는 가난은 사라질 것입니다. 나는 이제 질문자가 계급에 따른 의무와 노동의 의무는 동시에 발생하고, 상호보완적이며, 필수적이라는 점을 알 수 있기를 바랍니다.

－〈계급의 의무와 노동의 의무 2(Varnadharma and Duty of Labour Ⅱ)〉

《힌디 나바지반(Hindi Navajivan)》(1930.2.13)

바르나슈라마 다르마는 바르나, 곧 카스트 제도의 각 계급이 지켜야 하는 사회적 의무를 말한다. 즉 계급에 따른 의무를 규정한 제도가 바르나 제도인 카스트 제도다. 본래 이런 계급의 분류는 점차 분화되는 사회 구조 속에서 모든 사람의 복리를 위한 것이었다. 그리고 노동의 의무는 모든 계급에게 적용되는 보편적 의무였다. 따라서 계급에 따른 의무와 노동의 의무는 서로 충돌하지 않고 상호보완적이었다. 선생, 군인, 상인, 목수는 계급도 다르고 하는 일도 다르지만 자신의 빵을 위해 육체노동을 해야 한다는 점에서는 다르지 않았다.

이 글에서 간디는 카스트 제도의 원래 취지는 사회의 복리를 위한 것이었다고 설명하고 있다. 성자들이 사회 복리를 도모하고 경쟁 관계를 뿌리 뽑기 위해 사회를 네 부분으로 나눈 결과가 카스트 제도였다는 것. 즉 사회가 유지되기 위해서는 네 개의 계급이 모두 필요했고, 각 계급이 자신의 의무를 다하면 모두가 구원될 수 있었고, 각 계급 사이에는 귀천의 차별이 없었다. 그런데 이런 보편적인 의무가 망각되면서 각 계급은 부의 축적을 위해 자신의 직업을 이용하게 되었고 그 결과 불평등이 발생했다. 이런 이유로 간디는 카스트 제도의 원래 의도대로 사회의 복리를 위해서 각 계급이 봉사하고, 모두가 스스로의 생계를 꾸리도록 육체노동의 의무를 지킨다면, 사회는 조화롭게 되어 굶어 죽는 사람이 생겨나지 않을 것이라고 주장했다.

4. 스와데시 운동과 사르보다야 운동

스와데시는 흔히 자족(自足), 자조 (自助) 또는 국산품 애용으로 번역되어 왔다. 하지만 간디는 그것을 "우리에게 가장 인접한 주변의 것들을 사용하고 봉사하는 데 우리 자신을 한정시키는 정신"이라고 훨씬 넓은 의미로 사용했고, 그것을 종교, 정치, 경제의 각 영역에 모두 적용하고 실천하려고 했다. 인도의 종교를 믿고, 인도의 토착 기관을 이용하고, 국산품을 애용하는 것이 모두 이에 해당된다. 봉사를 하더라도 다른 사람이 아니라 먼저 내 가족과 내 이웃에게 봉사하는 것, 남의 나라보다 우선 내 나라를 사랑하는 애국도 스와데시의 원리를 따른 것이다.

경제 부문에서 스와데시를 실천하는 중요한 목적 중의 하나는 광기의 경쟁, 파멸적인 경쟁을 막는 일에 있다. 인도가 자신들의 필수품을 인도 내에서 생산할 수 있다면, 세계 시장에서의 경쟁이란 말은 거의 무의미하기 때문이다. 또한 간디는 스와데시의 상징인 물레의 사용을, 옷감을 짜서 공급하는 경제적인 행위이자 노동의 의무를 지키는 종교적인 행위로 보았다.

사르보다야(Sarvodaya)라는 산스끄리뜨는 사르바(sarva)와 우다야(udaya)의 복합어로 이루어져 있는데 사르바는 모든 사람을, 우다야는 복리, 또는 향상을 의미하므로 사르보다야는 '만인의 복리'라는 뜻을 지닌다. 여기에서 핵심이 되는 단어는 '사르바'다. 간디에게 이상적인 사회는 어느 누구도 제외시키지 않는 만인을 위한 사회였던 것이다.

간디는 사르보다야는 '최대 다수의 최대 행복'을 주장하는 공리주의와 구별되어야 한다고 말한다. 인간을 위해서 동물을 생체 해부하고, 자신이 속한 집단의 안전을 위해서 군비를 무한히 확장하는 것은 모두 공리주의적 태도다. 공리주의적 태도에 따르면 51퍼센트의 사람을 위해서 49퍼센트의 사람을 희생시킬 수 있다. 간디는 공리주의가 극단적으로 적용되면 다른 사회의 인간을 살육하는 행위까지도 옹호하게 된다고 보았다. 따라서 간디는 특정 사회나 국가가 아니라 전 인류가 공존하며 복리를 누리는 사르보다야 운동을 주창한 것이다.

스와데시는 삶의 규칙이다

스와데시란 우리 안의 정신, 즉 우리에게 가장 인접한 주변의 것들을 사용하고 그것들에 봉사하고, 보다 멀리 떨어져 있는 것을 배제하는 정신을 말합니다. 이것을 종교에 적용한다면, 저는 조상의 종교에 자신을 맡겨야 합니다. 그 안에 결함이 있다면 그 결함을 깨끗하게 없애서 종교에 봉사해야 합니다. 정치 영역에서 저는 토착 기관(바로 아래에 나오는 빤차야트 같은 것)을 이용해야 하고, 확인된 결점들을 치유함으로써 그 기관에 봉사해야 합니다. 경제 영역에서 저는 인접한 이웃들이 생산해 낸 것만을 사용해야 하고, 산업 시설에 부족함이 있다면 그것을 효과적이고 완전한 것으로 만듦으로써 그것에 봉사해야 합니다. 스와데시가 장차 다가올 수 세대 안에 완전히 얻을 수 있는 것이 아니라고 해도 우리는 그것을 버릴 수 없습니다.

앞에서 말했던 스와데시의 세 분야에 대해 간략히 검토해 봅시다. 힌두교는 보수적인 종교이고, 그래서 그 기초를 이루는 스와데시 정신 덕분에 강력한 세력이 되었습니다. 그것은 선교하지 않는 종교이므로 가장 관대한 종교이며, 과거에 확장되었듯이 현재에도 확장될 수 있는 종교입니다. 힌두교도는 스와데시 정신을 내세워 다른 종교로 개종하기를 거부합니다. 그 이유는 그가 힌두교를 최선의 종교로 생각하기 때문이 아니라, 개혁을 받아들이면 힌두교를 보완할 수도 있음을 알기 때문입니다. 힌두교에 대해 제가 말하는 사항은 세계의 다른 위대한 종교에도 적용될 수 있을 것입니다.

이 나라의 정치적 삶이 행복한 상태에 있다고 여기는 사람은 아무도 없습니다. 스와데시 정신을 끝까지 따라가다 보니 토착 기관들이 눈에 띠면서 빤차야뜨가 저를 사로잡습니다. 인도가 지금까지 받아온 충격을 견딜 수 있었던 이유는 인도가 바로 공화국이기 때문입니다. 인도 태생이든 외국인이든 왕들과 유지들은 모두 세금을 거둬들일 목적을 제외하고는 거대한 대중과 거의 접촉하지 않았습니다. 광대한 조직의 카스트는 공동체 안의 종교적 요청에 응한 것만이 아니라, 정치적 필요에 대해서도 답한 것이었습니다. 촌민들은 카스트 제도를 통해 내부 일을 처리했고, 그 제도를 통해 지배 권력이나 많은 지배 권력들의 모든 탄압에 대응했습니다. 카스트 제도를 만들어 낼 수 있었던 국민에게 탁월한 조직력을 지니지 못했다고 할 수는 없을 것입니다.

우리는 스와데시 정신에서 거의 치명적으로 분리된 탓에 끔찍하게 불리한 상황 아래에서 고생해 왔습니다. 우리는 지식인으로서 외국어를 이용해 교육을 받았습니다. 때문에 우리는 대중을 대표하려고 했지만 실패했습니다. 그들은 우리보다 영국 관리들을 더 인정했습니다. 그들은 어느 편에게도 마음을 열지 않았습니다. 여러분은 사실 조직상의 실패를 겪는 것이 아니라 대표자들과 피대표자들 사이의 의사소통의 부족을 겪습니다. 만약 지난 50년 동안 우리가 토착어로 교육을 받았다면, 우리의 연장자, 하인, 이웃 사람들은 우리의 지식을 나눠 가질 수 있었을 것입니다. 모든 학문 분야에서 교육이 토착어로 진행되었다면, 토착어가 놀랍도록 풍요로워졌을 것이라는 점을 감히 말씀드리는 바입니다.

지금쯤이면 빤차야뜨는 특별한 방식으로 생동적인 조직이 되었을 것이고, 인도는 그 필요조건에 걸맞은 자치 정부를 누리며, 성스러운 땅 위에서 벌어지는 조직적 암살이라는 치욕적인 광경을 보지 않아도 되었을 것입니다. 아직 늦지는 않았습니다. 다른 어떤 단체도 할 수 없는 일을 분명 여러분의 의지로 고칠 수 있습니다.

이제 스와데시의 마지막 부문을 말할 차례입니다. 일반 대중의 지독한 가난은 대부분 경제생활과 산업에서 스와데시 정신으로부터 파멸적으로 멀어져 나온 것에 기인합니다. 만일 교역에 대한 문서가 인도 외부에서 하나도 들어오지 않았다면, 인도는 오늘날 젖과 꿀이 흐르는 땅이 되었을 것입니다. 하지만 그렇게 되지 못했습니다. 우리는 탐욕스러웠고 영국 또한 탐욕스러웠습니다. 인도가 자신의 영토 안에서 자신의 필요에 따라 모든 것을 생산하거나 또는 생산할 수 있도록 도움을 받을 때만, 자신을 위해서 살 수 있습니다. 인도는 광기의 경쟁, 파멸적인 경쟁의 소용돌이에 빨려 들어갈 필요도 없고 그래서도 안 됩니다. 이 경쟁은 형제 살해, 질투, 그리고 수많은 다른 악들을 양산하기 때문입니다. 그러나 누가 인도의 거대한 백만장자들이 세계 경쟁에 뛰어 들어가는 것을 막을 수 있습니까? 법으로 막을 수 없음은 분명합니다. 하지만 대중 여론의 힘이나 적절한 교육은 바람직한 방향으로 크게 작용할 수 있을 것입니다.

이제 수직기(手織機, 손으로 베를 짜는 기계) 산업은 거의 반죽음에 이르렀습니다. 저는 직물을 짜는 직공들이 한때는 번성했던 명예로운 직업을 잃어버린 일, 그리고 많은 가족들이 직업을 빼앗기는 과정에 마음이 아팠습니다. 우리가 만일 스와데시 원칙을 따른다면, 우리의 수요를 공급할 수 있는 이웃들을 찾아내는 일, 그리고 그들이 공급의 방도를 모를 경우 그들을 교육하는 일이 여러분과 저의 의무가 될 것입니다. 물론 여기에는 건전한 직업을 필요로 하는 이웃들이 있음을 전제로 합니다. 그렇게 되면 인도의 모든 촌락은 거의 완전한 자조와 자급자족의 단위가 되고, 그 지역에서 나지 않는 필수품만을 다른 마을과 상호 교환하게 될 것입니다. 영국은 인도에 자유 무역을 강요함으로써 죄를 지었습니다. 그 무역이 자신들에게는 음식이 되었는지 모르지만 이 나라에게는 독이 되었습니다.

이제 저는 스와데시를 향해 제기된 반대 의견 하나를 더 검토하려고 합니다. 반대자들은 스와데시가 문명화된 도덕 관습 속에서는 아무런 근거도 찾아볼 수 없는 아주 이기적인 원칙이라고 말합니다. 그들에게 스와데시의 실천은 야만으로 복귀하는 것입니다. 그러나 저는 스와데시가 겸손과 사랑의 법칙을 일관되게 지키는 유일한 원칙임을 역설하는 바입니다. 제가 제 가족에 봉사하기도 어려운 이때에 인도 전체에 봉사한다고 생각하는 것은 교만입니다. 제 가족에게 노력을 집중하는 편이 낫고, 그들을 통해 국민 전체에 봉사한다고 생각하는 것이 나을 것입니다. 그리고 여러분이 그런 의지를 지닌다면 그것이 바로 완전한 겸손일 것입니다. 그렇습니다. 이것이 겸손이며 사랑입니다. 동기가 행위의 질을 결정할 것입니다.

모두가 이런 식으로 산다면, 우리는 당장 이상 국가를 얻게 될 것입니다. 물론 모든 사람들이 동시에 그런 상태에 도달할 수는 없을 것입니다. 그러나 우리 가운데 이 말의 진리를 깨달은 사람들이 그것을 실행으로 옮긴다면, 행복한 날의 도래를 분명히 예상할 수 있고 그런 날의 도래를 촉진시킬 수 있을 것입니다. 삶에 대한 이러한 계획 아래에서 다른 모든 나라를 배제하고 인도에만 봉사하는 것 같지만, 저는 다른 어떤 나라에도 해를 입히지 않습니다. 제 애국심은 배타적이면서 동시에 포용적입니다. 아주 겸손한 마음으로 제가 탄생한 곳에만 관심을 기울인다는 의미에서 배타적이며, 제 봉사가 경쟁적이거나 절대적이지 않다는 의미에서 포용적입니다. 그것이 아힘사, 곧 사랑을 적절하게 실천하는 열쇠입니다. 증오에 근거한 애국심은 '죽음을 주며', 사랑에 근거한 애국심은 '생명을 준다.'는 가르침에 따라 모범을 보여 줄 사람, 그리고 실천으로 이 가르침을 신성하게 만들 사람은 바로 위대한 신앙의 보호자인 여러분입니다.

－〈마드라스의 선교단 대회에서 스와데시에 관한 연설

(Speech on Swadeshi at Missionary Conference, Madras)〉

《더 힌두(The Hindu)》(1916.2.28); 《영 인디아》(1919.6.21)

간디는 이 글에서 스와데시의 실천을 위해 종교, 정치, 경제 영역에서 어떻게 할 것인지를 간명하게 설명했다. 먼저 종교 문제와 사회 제도의 문제를 언급하면서 카스트 제도의 원래 정신은 계급 사이의 차별이 아니라 각 계급이 스와데시 정신으로 살아가는 데 있었다고 했다. 간디는 힌두교와 카스트 제도가 오히려 인도인에게 어떤 문제에 대해서든 스스로 해결할 수 있는 조직적 능력을 주었다고 생각했다. 그가 비판했던 불가촉천민 제도는 카스트 제도가 가진 본래의 정신이 타락해서 나타났던 모습의 하나였을 뿐이다.

정치 영역과 관련해서는 영어 교육이 주민 대표들과 주민들 사이의 의사소통을 가로막을 뿐만 아니라 민중들에게 지식을 전하는 것도 원활하게 하지 못했다고 비판했다.

그리고 간디는 경제 문제와 관련해서 교역에 대한 문서가 단 한 편이라도 인도에 도입되지 않았다면 인도는 젖과 꿀이 흐르는 땅이 되었을 것이라고 주장했다. '도입되지 않았다면'이라는 말은 역사에 대한 가정이라고 할 수 있겠다. 서구 제국주의가 교역을 원하지 않는 나라들에게 강요한 문호 개방과 교역은 사실 그들 자신의 이익을 위한 것이지 인도와 같은 나라들의 이익을 위한 것이 아니었다. 더구나 자본주의 체제의 과열 경쟁이 형제를 살해하고 친척과 이웃을 질투하게 만드는 등 악을 양산했다는 것이 간디의 주장이다. 오늘날 전 지구적 국제 교역이 삶의 조건이 된 상황에서는 다소 맞지 않는 듯한 주장으로 보일 수도 있겠으나, 무엇보다 이런 국제 교역의 선행 조건은 간디가 말한 대로 상호 평등과 호혜의 원칙임을 잊지 말아야 할 것이다.

애덤 스미스(Adam Smith, 1723~1790, 영국의 경제학자)는 교역 행위를 이기심을 가진 인간에게는 자연스러운 행위라고 생각했고, 이 이기심을 경제 행위의 기초적인 동기로 간주함으로써 자유 무역을 옹호했다. 또한 데이비드 리카도(David Ricardo, 1772~1823, 영국의 경제학자)는 비교 우위라는 개념을 내세워 모든 국가가 비교 우위에 있는 품목만을 생산하고 교역한다면 보다 많은 이익을 얻을 수 있다는 주장을 폈다. 하지만 간디는 이러한 자유 무역의 배후에 감춰진 불순한 의도를 의심했다.

간디에 따르면, 어떤 국가나 사회의 기초적인 목표는 자급자족이며, 부족한 물품만 이웃, 그것도 선의를 가진 이웃에게서 조달하면 되는 것이다. 그런데도 서구 열강, 특히 영국의 일방적 강요에 의해 이루어진 대규모 교역은 도리어 인도의 수직 공업을 파탄시켰고, 인도인들을 파멸적 경쟁과 형제 살해라는 광기에 빠져들게 만들었다는 것이다. 간디는 그 이유를 인간의 탐욕에서 찾았다. 그는 과도한 경쟁, 형제 살해, 빈곤은 각각 분리된 것이 아니라 하나의 연결 고리, 즉 인간의 탐욕에 의해 일어나는 현상이라고 믿었다. 그래서 이것은 법이나 제도로서는 안 되고, 대중 여론의 힘, 교육의 힘으로서만 예방이 가능하다고 생각했다.

그가 말하는 애국도 스와데시, 즉 자치와 자급자족의 원리에 따른 것이다. 하지만 간디는 애국심이란 다른 민족에 대한 증오심에 근거한 것이 아니라, 사랑에 근거한 것임을 상기시키며 열린 마음을 강조했다.

사르보다야, 만인의 복리

어떤 진지한 독자가 제시한 난점은 다음과 같이 요약될 수 있는데 이는 참으로 중대한 문제다.

나는 당신이 취한 입장을 인정합니다. 그것은 유일하게 진실한 입장입니다. 그러나 당신의 논의는 결국 최대 다수의 최대 행복이라는 공리주의 원리로 귀착될 것이 아닙니까? 그리고 그것이 당신의 입장이라면, 공리주의적 원리, 즉 비폭력 주장 없이, 생명을 파괴하는 것이 최대 다수의 최대 선을 가져온다면 주저 없이 생명을 파괴해야 한다는 그 원리와 뭐가 다릅니까?

우선 겉으로 보아서 같은 행동이라고 해도, 그 행동을 촉발한 동기에 따라 의미가 다르다. 서양에서는 비폭력이 인간에게만 한정되며 그것도 가능한 경우에만 그러하다. 서양인들은 인류의 소위 더큰 선을 위한답시고 동물의 생체 해부를 실시하고, 인간에게 유용하다는 명분으로 큰 파괴력을 지닌 군비 강화를 하면서도 아무런 양심의 가책을 느끼지 않는다. 물론 비폭력 신봉자가 공리주의자처럼 파괴 행위를 했을 수도 있다. 하지만 그는 생체 해부에 가담하거나 군비의 무한한 확장을 선택하기보다는 차라리 스스로 죽는 길을 택할 것이다.

아힘사, 즉 인류에 대한 보편적 사랑의 신봉자가 공리주의 원리에 찬성을 표할 수 없음은 엄연한 사실이다. 그는 만인의 최대 선을 실현하기 위해서 분투할 것이고, 그 이상을 실현하려다가 죽을 것이다. 만인의 최대 선은 반드시 최대 다수의 선을 포함하게 되고, 그래서 그와 공리주의자는 많은 점에서 비슷할 것이다. 하지만 그들이 헤어져야 할 때, 반대 방향으로 움직여야 할 때가 오고 말 것이다. 공리주의자는 자신의 논리를 위해 스스로를 절대로 희생하지 않을 것이다. 그러나 절대주의자는 다르다. 그는 자신을 희생할 것이다. 절대주의자는 개를 죽일 때 자신의 약함 때문에 개를 죽이거나 혹은 드문 경우이긴 하지만 개 자신을 위해 그것을 죽일 것이다. 절대주의자에게 파괴의 영역은 언제나 최소여야 한다. 하지만 공리주의자의 파괴 영역은 한계가 없다. 비폭력의 기준에서 판단해 보건대 과거의 전쟁은 전적으로 죄악이었다. 그러나 공리주의자들은 쌍방 모두 자신이 품고 있는 공리의 이념에 따라 그것을 정당화했다. 잘리안왈라 바그 (Jallianwala Bagh) 살육 사건에서조차 가해자는 공리를 근거로 살인을 정당화했다. 그리고 정확하게 동일한 근거에서 무정부주의자는 자신의 암살 행위를 정당화한다. 그러나 이런 행위들 가운데 어느 것도 만인의 최대 행복이라는 원리에서조차 정당할 수 없다.

　　-〈만인을 위한 최대 선(The Greatest Good of All)〉《영 인디아》(1926.12.9)

잘리안왈라 바그 살육 사건은 1919년 발생한 암리짜르 사건의 다른 이름으로, 영국 군인이 인도의 독립을 요구하는 인도 민간인을 무참히 학살한 사건이다. 잘리안왈라 바그는 사건이 발생한 장소의 이름이다. 간디는 자신의 사르보다야, 즉 만인의 복리라는 원리가 공리주의와 상당 부분 비슷하게 보이지만, 폭력이나 존재에 대한 살육과 같은 문제에 있어서는 서로 갈라설 수밖에 없다고 밝히고 있다. 공리주의자의 입장에서 보면 살육 사건이나 생체 해부, 군비 강화 등의 폭력을 얼마든지 취할 수 있다. 그러나 비폭력을 전제로 한 간디의 사르보다야에서는 동물 한 마리를 죽이는 일이라도 지극히 예외적인 경우에 한해서만 가능하다. 이렇듯 간디는 폭력에 절대적으로 반대한다는 의미에서 자기 스스로를 절대주의자라고 표현했던 것이다.

제**3**부 사회 변혁을 위한 다양한 진리 실험

The moral
and political writings
of Mahatma Gandhi

물레질에 사용할 실을 잣고 있는 간디(1942년)
간디는 정치와 종교뿐 아니라 교육, 과학, 예술을 비롯한 일상생활 전반에서 평생 다양한 진리 실험을 추구
했고, 특히 물레 부흥 운동을 통해 인도의 진정한 자치를 구하고자 했다.

1. 교육론

　　간디에게 교육, 인격, 종교는 서로 분리된 독립적 용어가 아니라 서로를 포함하면서 동시에 교환할 수도 있는 용어였다. 인격 양성을 돕지 않는 교육은 참된 교육이 아니고, 인격을 중요하게 여기지 않는 종교 역시 참된 종교가 아니기 때문이다. 그러므로 간디는 진정한 교육이란 인생 전체를 염두에 둔 인격의 승화를 위한 과정이지, 단순한 암기, 책을 통한 학습, 지식의 습득이 아니라고 생각했다. 교육, 인격, 종교를 서로 교환할 수 있는 용어로 본 것도 신의 비전, 즉 진리와 사랑을 얻고 자아를 실현하는 것을 인생 최고의 목표로 삼았던 간디로서는 당연한 태도였다. 간디는 어떤 일에 부딪쳐도 그것을 진리와 비폭력을 실천하는 장, 참자아를 실현하는 장, 다시 말해 인격을 도야하는 장으로 보았다. 과학이나 예술을 볼 때도 마찬가지였다. 이런 이유로 그는 유미주의(唯美主義, 아름다움을 최고의 가치로 여기는 문예 사조) 문학을 표방했던 영국의 문학자 오스카 와일드(Oscar Wilde, 1854~1900, 아일랜드의 시인이자 극작가 겸 소설가)를 비판했던 것이다.

진정한 교육이란 참자아, 신과 진리를 알게 해 주는 것이다

나는 아슈람의 역사를 집필하면서 내 생각을 지배해 왔던 교육에 대한 중심 이념 하나를 간단히 설명해 보려고 한다. 어떤 사람들은 아슈람에 일종의 결함이 있음을 본다. 교육, 특히 문자 교육에 대한 조처가 없다는 것이다. 나 역시 이런 결함을 알고 있다. 그러나 그런 결함은 아슈람이 지속되는 한 남아 있을 것이다. 나는 그 이유를 여기서 자세히 다루지는 않을 것이다.

우리가 교육의 진정한 의미와 그것을 얻는 올바른 방법을 모르기 때문에, 그리고 교육을 실시하는 현 제도가 올바른 것이라고 가정하기 때문에 이러한 결함이 생긴다. 내 생각에는 교육에 대한 현재의 이념과 교육을 주고받는 방법, 양자 모두에 잘못이 있다.

참교육은 우리로 하여금 아뜨만, 곧 우리의 참자아, 신과 진리를 알도록 도와주는 것이다. 이러한 지식을 얻기 위해서 일부 사람들은 문자 공부의 필요를 느낄 것이고, 다른 일부의 사람들은 자연 과학 공부의 필요성을, 또 다른 일부의 사람들은 예술 공부의 필요성을 느낄 것이다. 그러나 모든 분야의 지식은 그 목표를 자아에 대한 지식에 두어야 한다. 아슈람에서도 마찬가지다. 우리는 그런 목적을 염두에 두고 수많은 활동을 하고 있다. 그와 같은 모든 활동이 내가 말하는 의미의 참교육이다. 물론 그런 활동은 자아에 대한 지식이라는 목적과 관계없이도 실천할 수 있다. 그러나 그런 활동이 자아에 대한 지식과 관련되지 않고 진행된다면, 생계나 다른 것의 수단은 될 수 있을지언정 교육은 될 수 없다. 우리가 교육이라는 의미로 활동할 때 그 활동이 갖는 의미를 바르게 이해하는 것, 의무에 헌신하는 것, 봉사 정신을 갖는 것 등은 필수적이다. 이것은 반드시 지성의 계발을 가져와야 한다. 아무리 작은 일이라도 그 일을 수행하면서 거룩한 목적에 의해 고취되어야 하고, 그것이 기여하는 목적, 그리고 그 일을 수행할 수 있는 과학적인 방법을 이해하도록 노력해야 한다. 조리, 공중위생, 목수일, 물레질 등 모든 유형의 일에는 과학이 있다. 학생의 태도를 갖고 일하는 사람들은 모두 그런 과학을 알게 되거나 발견해 낸다.

만일 아슈람 거주자들이 이런 점을 이해한다면, 그들은 아슈람이 서너 시간이 아니라 항상 교육을 받고 있는 위대한 학교임을 알 수 있을 것이다. 자아, 즉 진리에 대한 지식을 얻기 위해서 아슈람에 살고 있는 모든 사람들은 선생인 동시에 학생이다. 그는 그가 잘 알고 있는 일에 대해서는 선생이고, 그가 배울 필요가 있는 것에 대해서는 학생이다. 만일 우리가 어떤 일에 대해서건 이웃보다 더 많이 안다면, 우리는 그에게 우리의 지식을 기꺼이 나눠 주어야 할 것이다. 마찬가지로 그가 우리보다 더 많이 아는 것이라면 우리는 그것을 그에게서 기꺼이 받아야 할 것이다. 우리가 이런 식으로 많은 지식들을 다른 사람들과 규칙적으로 교환한다면, 우리는 선생이 없다고 아쉬움을 느끼지 않을 것이고, 교육은 고통스럽지 않은 자발적 과정이 될 것이다. 가장 중요한 교육은 인격 훈련이다. 야마와 니야마(niyama, 마음의 청정을 통한 자기 정화. 야마와 니야마는 요가 수행에서 첫 번째와 두 번째 계율임)의 준수에서 우리가 진보한다면, 우리의 학습 능력과 진리에 대한 인식 능력은 계속 커질 것이다.

그렇다면 문자 교육은 어떤가? 그것은 더 이상 문제가 될 수 없다. 이에 대한 규칙은 다른 활동들에 대한 규칙과 동일하다. 위에서 설명했던 방법은 하나의 미신, 즉 교육을 위해서 학교라고 알려진 별도의 건물과 가르칠 선생이 필요하다는 미신을 없애 버린다. 문자 교육을 위한 욕구가 우리 안에 일깨워질 때, 우리는 그것을 스스로의 노력에 의해 얻어야 한다는 점을 명심해야 할 것이다. 아슈람에는 이를 위한 충분한 기회가 있다. 이상, 내 이념에 대해 충분히 설명이 됐다면, 문자 교육은 더는 문제가 아닐 것이다. 문자 교육을 받은 사람들은 온갖 기회를 이용해서 그것을 다른 사람들에게 전수해 주면 되고, 후자 역시 전자에게서 가능한 것을 받으면 된다.

― 〈교육(Education)〉(1932.7.10)

이 글은 나란다스 간디에게 보낸 편지에 동봉된 것으로 당시 언론에는 어디에도 실리지 않았다. 간디는 일종의 종교와 이념의 실천 공동체인 아슈람을 세우고 그곳에서 사람들과 서로 가르침을 주고받았다. 그런데 이 아슈람은 인도의 전통적인 학교, 즉 수도승들의 거처를 계승한 것으로서 영국 지배자들이 설립한 정규 학교와는 달랐다. 때문에 사람들은 문자 교육이 없는 것에 이 단체의 한계와 결함이 있는 것 아니냐는 의문을 가졌고, 간디는 그에 대한 답으로 이 글을 썼던 것이다.

간디는 먼저 참교육이란 어떤 것인가를 물으면서 그것은 참자아인 아뜨만을 찾도록 도와주는 것이라고 주장한다. 그래서 인격 교육이야말로 그 어떤 것보다 중요하다는 점을 강조한다. 그런 의미에서 아슈람은 단순한 기술적 지식을 전하는 곳이 아니라 인격을 도야하는 위대한 학교라 할 수 있었다. 아슈람에서는 모든 것이 자율적이고 서로가 서로의 선생이자 학생으로 존재한다. 구체적인 노동의 과정에서 생활에 필요한 과학적 지식을 얻는 것은 물론이고 문자 교육이 필요하다고 느끼는 사람은 문자 교육을 자발적으로 배우게 된다. 그리고 자율적이면서도 스스로 결정하는 방식으로 인해 배움에서는 더 적극적일 수도 있다. 따라서 간디는 아슈람에 문자 교육이 없다는 점을 우려할 필요가 없다고 강조했다. 이 점에서 아슈람은 상당히 민주적이고 호혜적이며 서로가 서로에게서 배우는 진정한 교육 기관이라고 할 수 있겠다. 물론 제도 교육에 비해 속도와 지식의 분량은 턱없이 모자랄 수도 있으나, 간디가 꿈꿨던 촌락 공동체와 자치의 이념을 생각해 보면 바로 이런 것이야말로 진정한 행복을 추구하는 길이 아니었을지.

영어 교육과 종교 교육

독　자　자치를 얻기 위해 당신이 영어 교육을 불필요하게 생각한다고 이해해도 됩니까?

편집자　내 대답은 그렇다일 수도 있고 그렇지 않다일 수도 있습니다. 수백만의 인도인들에게 영어 교육을 시키는 일은 그들을 노예로 만드는 일입니다. 매콜리(Thomas Babington Macaulay, 1800~1859, 영국의 시인이자 역사학자 겸 정치가로서 인도에 서구식 교육을 받은 계층을 만들기 위해 영어 교육의 도입을 주장했음)가 세운 교육의 기초로 말미암아 우리는 노예가 되고 말았습니다. 그것이 그의 의도였다는 것은 아니지만 결과적으로 그렇게 되었습니다. 우리가 외국어로 자치를 말하는 것은 슬픈 이야기 아닙니까?

그리고 유럽인들이 폐기해 버린 체제가 우리 사이에서 유행하고 있다는 점도 특기할 만합니다. 유럽의 지식인들은 부단히 변화를 만들어 냅니다. 하지만 우리는 무지하게도 그들이 내다 버린 체제에 집착하고 있습니다. 유럽인들은 각 부문에서 자신들의 위상을 향상시키기 위해서 노력하고 있습니다. 웨일스 지방은 작지만 영국의 일부입니다. 그러나 웨일스 사람들은 웨일스어에 대한 지식을 되살리기 위해서 큰 노력을 쏟고 있습니다. 영국 재무장관 로이드 조지(David Lloyd George, 1863~1945, 웨일스 출신으로 영국 총리를 역임했으며 제1차 세계대전 후반기에 영국의 정치를 이끌었음)는 웨일스 어린이들에게 웨일스어를 가르치는 운동을 지도하고 있습니다. 그런데 우리의 처지는 어떻습니까? 우리는 엉터리 영어로 글을 주고받습니다. 우리 학위 논문조차도 이런 일에서 자유롭지 못합니다. 가장 좋은 생각도 영어로 표현됩니다. 국민회의의 의사 진행도 영어로 합니다. 가장 훌륭한 신문도 영어로 출판되고 있습니다. 만일 이런 사태가 장기간 지속된다면 후손들은 우리를 비난하고 저주할 것입니다. 이것이 나의 확고한 신념입니다.

영어 교육을 받음으로써 우리가 나라를 노예로 만들어 버렸다는 점을 지적할 필요가 있습니다. 위선과 폭정 등이 증가했습니다. 영어를 아는 인도인들은 아무 주저 없이 민중을 속이고 그들을 공포 속으로 몰아넣습니다. 이제 우리가 민중을 위해서 할 수 있는 일이 있다면 그들에게 진 빚의 일부라도 갚는 것입니다.

법원에 가고자 할 때 의사소통의 도구로서 영어를 사용해야 하고, 법정 변호사로 변론을 할 때 모국어를 쓸 수가 없어서 그것을 제삼자가 영어로 통역해 줘야 한다면 정말 고통스러운 일 아닐까요? 이런 일이야말로 진짜 황당한 일 아닙니까? 바로 이것이 노예 신분의 표시가 아닌지요? 인도를 노예로 만든 자들은 우리 자신, 즉 영어를 아는 인도인들입니다. 우리나라 사람들이 퍼붓는 저주는 영국인이 아니라 우리에게 쏟아져야 합니다.

영어 교육이 불필요한가라는 당신의 마지막 질문에 대해 나는 그렇기도 하고 그렇지 않기도 하다고 대답했습니다. 앞에서는 영어 교육이 왜 필요 없는지 설명했으니, 이제 왜 영어 교육이 필요한지 말하겠습니다.

우리는 문명이라는 질병에 단단히 걸렸습니다. 영어 교육 없이 아무 일도 못한다는 것만 봐도 알 수 있을 것입니다. 그러나 이미 영어 교육을 받은 사람들은 필요한 곳에 그것을 선용할 수 있습니다. 우리가 영국인이나 우리 민중과 교섭하면서 영어를 통해서만 의사소통을 할 수 있는 경우, 그리고 영국인들이 자신들의 문명에 대해 얼마나 깊이 혐오하고 있는지를 알고자 할 때도 우리는 영어를 사용하거나 배울 수 있을 것입니다. 그러나 영어를 배운 사람들은 후손들에게 모국어를 통해 도덕을 가르쳐 줘야 하고 다른 인도 언어 하나를 또 가르쳐 줘야 합니다. 후손들이 성인이 되면 영어를 배울지도 모르겠지만, 궁극적인 목표는 우리에게 영어가 필요 없어지는 것입니다. 영어로 돈을 벌겠다는 목표도 반드시 피해야 합니다. 제한적으로 영어를 배울 필요가 생길 때는, 우리가 영어를 통해 배워야 할 일, 배워서는 안 될 일을 고려해야 합니다. 더불어 어떤 학문을 배워야 할지에 대해서도 알아야 합니다. 우리 스스로 영국 학위를 선호하지만 않는다면 언젠가 지배자들은 우리의 말을 경청하게 될 것입니다.

독　자　　그렇다면 우리는 어떤 교육을 해야 합니까?

편집자　　이 점에 대해서는 앞에서도 약간 언급했지만 좀 더 살펴봅시다. 우리는 모든 인도어를 개선해야 한다고 생각합니다. 인도어로 어떤 주제를 배워야 할 것인가는 여기에서 자세히 말할 필요가 없습니다. 귀중한 영어 책들이 있다면 그것들을 여러 인도어로 번역해야 할 것입니다. 많은 학문을 배운다는 구실은 버려야 합니다. 그러나 종교 교육, 곧 윤리 교육은 최우선이 되어야 합니다. 모든 교양 있는 인도인이 힌두교도라면 자신의 방언에 덧붙여 산스끄리뜨를 알아야 할 것입니다. 이슬람교도라면 아랍어를, 파시교도라면 페르시아어를 알아야 할 것입니다. 일부 힌두교도들은 아라비아어와 페르시아어를 알아야 하고, 또 일부 이슬람교도와 파시교도들은 산스끄리뜨를 알아야 합니다. 북부 지역의 일부 사람들과 서부 지역의 일부 사람들은 따밀어(Tamil, 스리랑카 공용어의 하나로, 인도 남동부의 마드라스 및 스리랑카 북동부에서 주로 사용하는 언어)를 알아야 합니다. 인도 전체를 위한 공용어는 힌디어여야 할 것입니다. 힌디어를 글로 쓸 때에는 페르시아 문자나 나가리(Nagari) 문자를 선택할 수도 있을 것입니다. 힌두교도와 이슬람교도들이 좀 더 친밀한 관계를 유지하자면 이 두 문자 모두를 알아야 합니다. 그리고 이렇게만 한다면 우리는 단시간에 영어를 우리 땅에서 몰아낼 수 있을 것입니다. 노예인 우리에게는 이 모든 일이 필수적입니다. 우리가 노예 상태이기 때문에 이 나라 역시 노예가 되었습니다. 우리가 자유롭게 된다면 나라도 자유롭게 될 것입니다.

독 자   종교 교육 문제는 매우 어렵습니다.

편집자   하지만 종교 교육 없이 우리는 아무 것도 할 수 없습니다. 인도는 결코 신이 없는 나라가 될 수 없습니다. 인도에서는 순수하고 완전한 무신론이 번성할 수 없습니다. 우리의 과업은 참으로 어렵습니다. 종교 교육을 생각하자마자 머리가 혼란스러워집니다. 우리의 종교 교육자들은 위선적이고 이기적입니다. 하지만 우리는 그들에게 다가가야 합니다. 물라(mula, 무슬림 종교 지도자), 다스뚜르(dastur, 파시교 사제), 그리고 브라만들은 자신들의 손아귀에 해결의 열쇠를 쥐고 있습니다. 만일 그들에게 건전한 상식이 없다면, 우리는 영어 교육을 하던 에너지를 끌어내 기꺼이 종교 교육에 바쳐야 할 것입니다. 이것은 그리 어려운 일이 아닙니다. 오직 바닷가만이 오염되었으므로 거기에 사는 사람들이 깨끗하게 닦아야 합니다. 그리고 우리 중에도 이런 범주에 들어가는 사람이 있다면 스스로 깨끗하게 닦아야 할 것입니다. 내 말이 수백만의 사람들에게 적용되는 것은 아닙니다.

　인도를 본래의 상태로 회복시키기 위해서는 우리 스스로가 그 상태로 복귀해야만 합니다. 우리 자신의 문명 내부에서도 물론 진보와 후퇴, 개혁과 반동이 있을 것입니다. 하지만 한 가지 노력,

서양 문명을 밖으로 몰아내 쫓아 버리는 노력만큼은 꼭 필요합니다. 그러한 노력이 이뤄진다면 다른 것은 모두 따라올 것입니다.

－《힌드 스와라즈》(1909)

인도에서 문자 교육, 특히 영어 교육은 인도인을 노예로 만드는 데 악용되고 있다는 것이 간디의 견해였다. 그는 기초 교육이나 고등 교육, 그리고 문자 교육은 감각기관을 통제할 뿐이며, 윤리가 튼튼한 토대 위에 세워질 때에만 오직 그것이 쓸모 있다고 했다.

간디에 따르면 19세기 이래 인도에 영어 교육이 제도화됐고, 영어를 배운 사람들이 인도를 노예화시키는 데 앞장섰다. 그래서 그는 영어를 인도 땅에서 완전히 몰아내고 인도어를 되찾는 것이 인도를 독립시키는 일과 같다고 주장한다.

그는 귀중한 영어책이 있다면 인도어로 번역해서 읽으면 될 뿐 그것을 굳이 영어로 읽을 필요는 없다고 생각했다. 또한 모국어를 되찾는 과정으로 인도 토착어를 개선하면서 힌디어를 공용어로 만들고, 힌두교도라면 산스끄리뜨를, 이슬람이나 다른 종교를 믿는 사람은 아랍어 등을 배워야 한다고 덧붙였다. 나가리 문자는 데바나가리(Devanāgarī) 문자를 말하는데, 산스끄리뜨, 힌디어, 마라티어(Mahrathi, 인도어파에 속한 산스끄리뜨로서, 인도 뭄바이 및 그 부근에서 마라타족이 사용) 등 인도의 여러 언어에 사용되며, 왼쪽에서 오른쪽으로 쓰고 읽는다.

간디의 영어 교육에 대한 입장을 반대한 사람으로 타고르를 들 수 있는데, 이미 영어가 광범위하게 사용되고 있다는 것이 그 이유였다. 오늘날 세계가 더욱 일원화되면서 영어의 효용성은 간디의 시대보다 오히려 높아졌다. 그러나 우리의 말과 글을 지키고 개선하는 일은 온전히 우리 자신의 몫이고, 그 중요성은 아무리 강조해도 지나치지 않다. 간디의 말처럼, 국제어로서 영어가 통용되는 것에 대해 무조건 반대하기보다는 그것을 얼마나 효율적으로 이용할 수 있을지에 대해서 우리 역시 다시 한 번 생각해 봐야 할 것이다.

사랑의 교육

내가 단식을 개시했던 지난 화요일을 생각해 보십시오. 왜 내가 그것을 시작했습니까? 내가 갈 수 있는 길은 세 갈래였습니다.

◎ **체벌:** 나는 체벌이라는 쉬운 길을 택할 수도 있었습니다. 학생들의 잘못을 발견한 선생은 학생들을 처벌하는 것으로 좋은 일을 했다고 득의만만한 표정을 짓습니다. 다른 일 때문에 요즘에는 여러분을 가르칠 수 없지만 난 선생이었습니다. 선생으로서 나는 이처럼 일반적으로 인정된 방법을 거부할 도리밖에 없었습니다. 경험상 체벌은 헛된 짓이고 도리어 해롭기조차 하다는 것을 알고 있었기 때문입니다.

◎ **무관심:** 나는 여러분을 여러분의 운명에 그대로 맡겨 둘 수도 있었습니다. 선생들은 흔히들 그렇게 합니다. 그들은 "학생들이 어느 정도 공부 잘하고, 배운 것을 실천하면 된다. 나는 학생들의 개인적인 행위는 관심이 없다. 관심이 있다고 해도 내가 어떻게 그들을 쭉 지켜볼 수 있겠는가?"라고 말합니다. 이런 무관심에 대해 나는 별로 흥미가 없습니다.

◎ **사랑:** 세 번째는 사랑의 방법입니다. 여러분의 인격은 내가 맡아서 돌보고 있는 거룩한 보관물입니다. 그래서 나는 당연히 여러분의 삶, 즉 가장 내밀한 생각이나 욕망, 그리고 충동 안으로 들어가서, 만일 불순물이 있다면 그것을 찾아내 제거할 수 있도록 도와야 합니다. 내면의 청정이 최초로 가르쳐야 할 필수 과목이고, 이 최초의 가장 중요한 가르침이 충분히 터득되면 다른 가르침들도 따라오기 때문입니다. 나는 여러분 가운데서 부정행위를 목격했습니다. 내가 무엇을 할수 있었겠습니까? 여러분을 처벌하는 것은 논외입니다. 여러 선생 중에서 내가 장(長)이었으므로, 단식의 형식으로 내 자신에게 벌을 주어야만 했습니다. 그리고 그 단식을 오늘 끝내는 것입니다.

나는 요즘 고요한 명상에서 많은 것을 배웁니다. 여러분은 무엇을 배웠습니까? 여러분이 다시는 잘못을 반복하지 않겠다는 점을 확신시켜 줄 수 있습니까? 물론 여러분은 또다시 잘못을 범할 수도 있습

간디의 아버지 까람찬드 간디(사진 왼쪽)**와 어머니 뿌뜰리바이 간디**(연대 미상)
간디는 독실한 힌두교 신자였던 자신의 부모님으로부터 신을 향한 믿음과 참된 사랑, 용서의 자세를 배웠다.

니다. 다만 그 잘못에서 빠져나올 길을 깨닫지 못한다면 이 단식은 여러분에게 아무 의미도 없을 것입니다. 진실이 바로 만능열쇠입니다. 어떤 경우에도 거짓말을 하지 마십시오. 어떤 것도 비밀로 남겨두지 마시고, 여러분의 선생님들과 어른들을 믿고 모든 일을 그들에게 남김없이 털어놓으십시오. 어느 누구에게도 악의를 품지 말고, 어느 누구의 등 뒤에서도 나쁜 일을 말하지 말고, 무엇보다도 "여러분 자신에게 진실하십시오." 그렇게 하면, 여러분은 누구도 속이지 않게 될 것입니다. 인생의 가장 작은 일조차 진실하게 대하는 것이 순수한 삶의 유일한 비밀입니다.

또한 그럴 때 나에게 영감을 주는 것이 '그가 진실한 바이슈나바라네'라는 찬송가임을 여러분은 주목해 주십시오. 그 찬송가는 《기따》를 행여 잊을 때라도 나를 충분히 지탱해 줄 것입니다. 여러분이 이해하기는 어렵겠지만 그것보다 훨씬 간단한 방법도 있습니다. 그것은 내 인생의 여정에서 항상 북극성이 되어 준 것으로서, 바로 진리가 신이며 허위는 신에 대한 부인이라는 확신입니다.

– 〈학생들에게 한 연설(Speech to Students)〉《영 인디아》(1925.12.10)

간디는 아슈람에서 돌보던 아이들이 잘못을 저지르고 거짓말을 했을 때 그들을 처벌하는 대신 스스로 단식했다. 단식을 그치기 직전 소년들을 침대 옆으로 불러 모아 느릿느릿하고 감동적인 어조로 전달한 메시지가 바로 이 글이다. 간디는 아이들에게 진심으로 잘못을 깨닫게 하기 위해 체벌과 무관심의 방법 대신 사랑의 방법을 택했다. 아이들의 비행에 대해 체벌이나 무관심으로 대응하지 않고 도리어 자신을 질책하며 단식의 고통을 참던 이 장면은, 《자서전》의 한 대목을 연상시킨다. 채식을 고수하던 간디는, 열다섯 살 무렵 힘센 서양인을 이기는 길이라는 생각에 돈을 훔쳐 육식을 한다. 그리고는 양심의 가책에 못 이겨 부친에게 사실을 고한다. 그러나 부친은 간디를 크게 혼내지 않고 도리어 그의 잘못을 눈물로 용서해 주었다. 간디는 자신의 아버지처럼 진실과 사랑이야말로 삶의 가장 중요한 덕목이라는 것을 이 연설을 통해 몸소 보여 준 것이다.

2. 과학론

간디는 현대 문명을 신랄하게 비판했
다. 그래서 사람들은 현대 문명의 산물인 과학에 대해서도 간디가 비판
적일 것이라 짐작한다. 하지만 간디는 과학을 무조건 비판하지 않았다.
그는 우리가 과학을 무조건 숭배하거나 오용해서는 안 되고 과학에 적
절한 자리를 찾아 주어야 한다는 입장이었다.

다음 글에서 간디는 머리가 아니라 손을 사용해서 민중과 하나가 되
기를 각오해야만 과학에서 즐거움을 얻을 수 있다며, 과학에 뜻을 둔
청소년들에게 인도 사회의 기초를 이룰 70만 개의 촌락에 과학의 열매
를 돌려주라고 말한다. 당시 간디에게 가장 귀중한 과학의 열매는 물레
를 개선하고 그것을 촌락들에 보급하는 일이었다.

또한 간디는 과학의 위대성은 사람을 사고와 행동에서 정확히 만드는
데 있다고 생각했다. 그런 정확성을 통해 우리를 창조주에게 보다 가까
이 갈 수 있도록 해 주는 것이 과학이 가진 힘이라는 것이다. 이런 점에
서 간디는 과학을 공부하는 목적이 다른 학문의 목적과 마찬가지로 돈

이나 명성이어서는 안 되고, 과학 자체에 대한 개인적 관심과 타인들, 특히 자신의 이웃에 대한 실질적 도움이어야 한다고 굳게 믿었다.

생명을 존중하는 과학도가 되시오

나는 여러분에게 다음과 같이 말씀드립니다. 우리는 과학 없이는 살 수 없으며 과학에 적절한 위치를 부여하는 일도 계속될 것입니다. 그러나 나는 세상을 돌아다니면서 과학의 오용에 대해 많이 배웠습니다. 그리고 그것을 자주 언급해 왔으므로, 세상 사람들은 실제로 내가 과학에 반대한다고 믿게 된 것 같습니다. 나의 짧은 생각으로는 과학 연구에도 한계가 있습니다. 그것은 인간성이 악용되는 한계를 말합니다.

나는 며칠 전 과학의 이용에 대해 한 친구와 토론을 벌였습니다. 그때 나는 그에게 내 경험담을 말해 주었는데, 지금 그것을 여러분에게 반복하려고 합니다. 내 인생에서 의학을 직업으로 선택할 뻔한 적이 있고, 만약 그 직업을 택했다면 나는 아마 훌륭한 내과의, 혹은 외과의, 그도 아니면 둘 다 되었을 것입니다. 나는 이 두 분야를 진심으로 좋아했기에, 거기서 위대한 봉사를 할 수 있었을 것입니다. 하지만 현재 탁월한 의사가 된 나의 의학도 친구에게서, 생체 해부를 해야 할지도 모른다는 사실을 듣게 되었을 때, 나는 전율하며 그 직업에서 물러났습니다.

여러분 중에 몇몇은 나의 반응에 대해 비웃을 수도 있겠지만, 부디 그렇게 하지는 말아 주십시오. 내가 진심으로 말하고 있는 바를 유의해서 잘 생각해 주시길 바랍니다. 저는 우리가 이 지상에 온 목적은 창조주를 섬기기 위해서, 자신을 알기 위해서, 다른 말로 하자면 자신을 실현하기 위해서, 그래서 우리의 운명을 자각하기 위해서라고 느낍니다. 생체 해부는 우리의 도덕적 위상에 한 치도 보탬이 될 수 없습니다. 아마 몸이 아픈 사람들에게는 약간의 도움이 될지도 모르겠습니다. 내가 "아마"라고 했음에 주목해 주십시오. 해부가 병자에게 작은 도움을 줄 수 있다는 이 주장은 많은 의학도들이 절대적으로 믿고 있는 사실이 아닙니다. 나는 육신을 살리는 치료에도 일정한 한계가 있어야 한다고 정직하게 고백합니다. 육신이란 우리가 기대기에는 너무나 연약한 잡초 아닙니까? 어느 때든 그것은 우리 손을 빠져나갈 수 있습니다. 나는 매독(Maddock, 외과 의사로 1924년 1월 간디의 맹장염 수술을 담당했음) 대령이 베푼 능숙한 수술 솜씨 덕분에 회복되었습니다. 하지만 회복한 이후 언제라도, 벼락을 맞거나 또는 어떤 다른 사건 때문에 다시는 내가 쓰러지지 않을 것이라고 장담할 수는 없을 것입니다. 사실이 이럴진대, 우리는 계속 살아가야 할지 죽음을 맞이할 수 있도록 그냥 두어야 할지를 신중히 검토해 봐야 합니다.

인도 학생들은 아주 심각한 신체적 장애 속에서 공부하고 있습니다. 과학 교육이나 그보다 고급 교육을 받는 학생들은 중산층 출신입니다. 우리와 우리나라에 불행한 일이지만, 중산층은 손을 거의 사용하지 않습니다. 나는 어떤 소년이 손을 사용할 각오가 되어 있지 않다면, 즉 소매를 걷어붙이고 거리의 일상적인 노동자들과 같이 노동할 준비가 되어 있지 않다면, 과학의 비밀을 이해하거나 과학적 탐구가 줄 수 있는 쾌락과 즐거움을 깨닫기란 절대 불가능할 것이라고 생각합니다.

교수와 선생들—나는 여러분과, 여러분 같은 부류의 사람들을 그 범주에서 제외합니다만—즉 인도인 선생, 교수들, 인도인 학생들은 모두 같은 배를 타고 있습니다. 과학은 성격상 이론만으로는, 즉 여러분이 실제적인 지식이 없거나 실질적인 실험을 하지 않는다면 아무 가치가 없는 분야 중의 하나입니다. 나는 여러분이 실질적인 실험을 하고 있는지, 그리고 그것에서 얼마나 짜릿한 환희를 맛보고 있는지 의심스럽습니다. 만일 여러분이 올바른 정신으로 과학에 종사한다면, 사고와 행동에서 우리를 정확히 만드는 데 과학만큼 위대하고 가치 있는 것은 아무 것도 없을 것입니다. 손과 머리가 함께 움직이지 않는다면 우리는 아무 것도 하지 못합니다.

그러나 불행히도 대학에서 교육받은 우리는 인도인이 읍이나 시가 아니라 촌락에서 살고 있다는 점을 자주 망각합니다.

인도에는 70만 개의 촌락이 있고, 촌민들은 교양 교육을 받은 여러분이 그 교육이나 그 교육의 열매들을 촌락으로 가져다주기를 기대합니다. 여러분은 과학 지식으로 촌민들을 어떻게 감화시킬 것입니까? 여러분은 촌락의 입장에서 과학을 배웁니까? 훌륭한 건물과 훌륭한 시설을 갖춘 대학에서 여러분이 얻은 지식을 촌민들의 이익을 위해서 사용할 수 있을 만큼 그들 가까이에 있고 실천적입니까?

그렇다면 마지막으로 나는 여러분의 과학 지식을 응용할 수 있는 도구 하나를 제시하겠습니다. 보잘것없는 물레가 바로 그것입니다. 인도의 70만 촌락들이 오늘 이 간단한 도구를 갈망하고 있습니다. 그것은 한 세기 전만 해도 인도의 모든 가정, 모든 오두막집에 있었습니다. 그때 인도는 지금처럼 나태한 나라가 아니었습니다. 인도 인구의 85퍼센트를 차지하는 농민들은 일 년에 적어도 4개월 동안은 나태하지 않았습니다. 그것은 내가 여러분에게 그냥 하는 말도 아니고 혼자만의 증언도 아닙니다. 그것은 다른 과학자의 증언, 알라하바드(Allahabad) 농업 연구소 소속 학자인 히긴바텀(Higginbottom)의 증언입니다. 그는 최근 조세위원회에 출석하여, 수백만 인도인들에게 부업이 없으면 빈곤은 줄어들기는커녕 더욱 심화될 것이라고 증언했습니다. 이제 여러분은 남북으로 3천 킬로미터, 동서로 2천4백 킬로미터의 땅에 흩어져 있는 70만 개 촌락의 수요를 충족시킬 수 있는 부업으로 뭐가 있을 것인지를 과학적 방법을 통해 알아보십시오. 내가 확신하건대 여러분도 내가 도달했던 것과 같은 불가피한 결론, 즉 물레만이 그 일을 할 수 있을 것이라는 결론에 도달하게 될 것입니다.

사람들은 더 이상 물레를 사용하지 않습니다. 나는 어디를 가든 물레를 보여 달라고 요구합니다만, 물레 대신 장난감 같은 것밖에 보지 못했습니다. 어린애 장난감과 같은 것에서는 양질의 카다르 수직 천을 짤 수 있는 실을 얻을 수 없습니다. 윙윙 소리를 내며 물레를 돌릴 사람들은 바로 여러분입니다. 나는 여러분에게 벵골 화학 공장의 설립자인 P. C. 레이 박사의 귀중한 사례를 제시할까 합니다. 그 공장은 오늘날에도 꾸준히 성장하는 기업으로, 수백 명의 학생들에게 직업을 제공해 주었습니다. 레이 박사는 과학자 중의 과학자였기에 그가 갖고 있는 과학 지식의 이점을 인도의 촌민들에게 제공하고자 했습니다. 그는 쿨나(Khulna) 기근 때 그런 일을 했고, 자연스레 물레의 비밀을 목격했습니다. 그는 물레 선전 운동에 자신의 생애를 바치고 있으며, 그의 아래에 있는 고상한 과학자들 가운데 한 팀은 물레와 물레에 필요한 모든 부속품을 완전한 것으로 만들기 위해서 노력하고 있습니다. 그것은 고귀한 소명이고, 과학자들에게 진정 어울리는 일입니다. 여러분의 마음속에 물레가 들어오기를 바랍니다. 끈기 있게 내 말을 들어주셔서 감사합니다.

– 〈학생들에게 한 연설〉《더 힌두》(1925.3.19)

1921년 쿨나 지역에 심한 기근이 있었고, 1922년 북 벵골에는 커다란 홍수가 일어나 수천 명이 재산 전부를 잃었다. 도움을 청했지만 정부는 거의 주의를 기울이지 않았다. 레이 박사는 열심히 구호 작업을 폈다. 그는 처음에는 간디가 시작한 카디 운동에 대해 의심했었다. 그러나 물레가 빈민에게 일자리와 소득을 주는 것을 보고는 물레의 유용성을 깨닫고 그 자신이 최소 하루 한 시간은 물레를 돌리기로 했다. 이 글에서 "물레의 비밀"이란 물레의 유용성으로 이해하면 될 것이다.

　　이 연설에서 간디는 과학에 대한 자신의 견해를 밝히고, 과학에 뜻을 둔 학생들에게 몇 가지 당부를 하고 있다. 간디는 젊었을 때 의사가 되기를 마음먹었던 적이 있었지만, 의학도가 된 친구에게 생체 해부를 해야 할지도 모른다는 말을 듣고는 그 직업을 포기했다고 술회한다. 의과 대학에 진학하고 싶은 학생이라면 간디처럼 반드시 생체 해부에 대해 거부할 필요는 없다고 해도, '인간이 자신의 생명을 연장하기 위해서 다른 생명체를 희생시킬 권리가 정말로 존재하는가?'라는 문제에 대해서는 깊이 생각해 봐야 할 것이다. 그리고 생체 해부를 꼭 해야 한다면 생명체에 대한 무한한 연민과 겸손을 가져야 할 것이다. 그런 태도야말로 의술의 발달을 가로막지 않고, 인간을 위해 더욱 훌륭히 봉사하게 할 것이다.

3. 예술론

간디는 진정한 예술의 가치는 내면의 혼을 표현하는 데 있다고 주장한다. 진정한 예술 작품이라면 그것을 감상하는 사람으로 하여금 자신의 혼을 고양시키는 충동을, 그리고 그런 충동에서 오는 불안감을 느끼게 해 주어야 한다는 것이다. 그는 혼이 불안을 느끼지 못한다면, 인간이 제대로 성장할 수 없을 것이라고 생각했다. 그래서 간디는 영국의 작가 오스카 와일드의 작품을 놓고, 이런 기준을 만족시키기는커녕 부도덕을 미화하며 악에서 미를 추구한다고 비판했다. 오스카 와일드는 흔히 유미주의 또는 탐미주의(耽美主義) 작가로 불린다. 이 예술 사조는 미의 창조를 예술의 목적으로 삼는 예술지상주의의 한 지류로서 19세기 후반에 대두되었고, 대표적인 작가로 프랑스의 시인 보들레르(Charles Pierre Baudelaire, 1821~1867)와 간디가 언급한 오스카 와일드를 들 수 있다. 예술을 인간의 정신 고양과 연결시키려 하던 간디의 입장에서는 유미주의와 '예술을 위한 예술' 을 말하는 예술지상주의는 반도덕적이고도 반종교적인 것이었다.

또한 간디는 음악 교육의 목표가 목소리 훈련에, 무엇보다도 소음, 고함, 비명 등을 막음으로써 입으로 폭력을 행하는 것을 방지하는 데 있다고 하면서, 우리의 삶 전체가 음악같이 달콤하고 아름다워야 한다고 말했다. 그러므로 간디에게 음악적으로 산다는 것은 피아노를 연주하고 바이올린을 켜는 것이 아니라 신과 하나가 되는 것, 진리와 비폭력으로 사는 것, 봉사하며 사는 것을 의미했다.

그리고 간디는 일몰의 경이로움이나 무수한 별들의 아름다움을 감상하는 행위가 어떤 인위적 예술 작품을 감상하는 것보다 더 낫다고도 했다. 그 이유는 신의 작품인 자연이, 인간이 만든 예술보다는 당연히 훌륭하기 때문이라는 것. 이런 태도는 뒤에 나오는 간디의 또 다른 글인 〈하늘 보기(Watching the Heavens)〉와도 자연스럽게 이어진다.

진리 안에 미가 있다

참회와 기도의 주간 동안 딜쿠슈(Dilkhush)를 방문했던 사람들 중 샨띠니께딴에서 온 라마찬드란이라는 젊은 학생이 있었다. 그는 앤드루스 씨의 학생으로, 얼마간 델리에 머무르는 일에 대해 그의 선생을 별 어려움 없이 설득해 허락을 받아 냈다. 앤드루스 씨는 델리를 떠나던 저녁 라마찬드란을 2층으로 데려가 간디에게 말했다. "나는 라마찬드란을 아직 당신에게 소개하지 못했습니다. 그는 우리를 돕느라 내내 이곳에서 지냈습니다. 그는 당신에게 여러 질문을 하고 싶어 합니다. 그가 내일 샨띠니께딴으로 돌아가기 전 당신과 대화를 할 수 있다면 저로서는 매우 기쁠 것입니다." 다만 '내일'은 간디가 침묵을 지키곤 하는 월요일이었던 터라 라마찬드란은 하루를 더 머물고는 화요일 아침 캘커타행 기차를 탔다. 정확히 아침 기도 시간 직후인 다섯 시 반에 그는 불려 갔다. 그는 질문들을, 즉 그를 괴롭혔던 의문과 어려움들을 물었다. 그는 그가 원했던 모든 질문을 다 할 수 있을지 처음에는 완전한 자신감을 갖지 못했다. 하지만 결국 그는 충분히 용기를 냈다. 놀랍게도 바뿌(Bapu, 존경과 경의를 덧붙인 아버지라는 의미)가 한 순간 그에 대해, 그리고 그의 고향과 공부에 대해 부드럽게 묻는 바람에 그는 주저하거나 초조한 마음을 깡그리 없앨 수 있었던 것이다. 그날 아침 라마찬드란이 영광스럽게도 간디와 가졌던 대화 내용을 전부 재생하기란 불가능하다. 나는 아주 간략한 요점만을 전할 수 있을 뿐이다.

라마찬드란(이하 '라마') 당신을 사랑하고 존경하는 많은 똑똑하고 저명한 인사들은, 당신이 의식적으로든 무의식적으로든 국가 재건 계획에서 예술에 대한 일체의 고려를 배제했다고 주장하고 있는데, 이 점에 대해 당신은 어떻게 생각하십니까?

간 디   이 문제에서 나는 오해받고 있어서 마음이 불편하다네.

사물에는 두 개의 측면, 즉 외면과 내면이 있네. 그것은 나에게 순전히 어느 것을 더 강조하는가 하는 문제라네. 외면이 내면을 도와주지 않는 한 외면은 아무 의미가 없네. 그래서 모든 진정한 예술은 혼의 표현이라네. 외면적인 모습들은 인간의 내면적 영혼 안에서만 가치가 있다네.

라 마   (머뭇거리면서) 가장 위대한 예술가들은 예술이란 예술가의 혼에 있는 충동과 불안을 말, 색깔, 형상 등으로 옮긴 것이라고 선언한 바 있습니다.

간 디   그런 성격의 예술이 나에게 가장 호소력 있을 것이네. 하지만 나는 예술가로 자처하고 예술가로 인정받고 있는 사람들, 그러면서도 그들 작품에는 혼을 고양하는 충동과 충동에서 오는 불안의 흔적이 전혀 없는 사람들을 알고 있다네.

라 마   그런 사례를 알고 계신다고요?

간 디   그렇다네. 오스카 와일드를 예로 들 수 있네. 내가 영국에 머물 때 그에 대해 많은 것들이 이야기되고 있었다네. 나는 그에 대해 한마디 할 수 있네.

라 마   오스카 와일드는 현대의 가장 위대한 문필가의 한 사람이라는 말을 들었습니다만.

간 디   그래. 그것을 나는 문제로 생각하네. 와일드는 최고의 예술을 단순히 외면적인 모습으로만 보았네. 그래서 부도덕을 미화하는 데 성공했지. 모든 진정한 예술은 혼을 도와 내면의 자아를 실현하도록 해 주어야 하는 것일세. 내 자신의 경우 외면적인 모습이 전혀 없어도 나의 혼을 실현할 수 있음을 아네. 자네는 나에게서 예술 작품이라고 부를 만한 요소를 보지 못할지 모르지만, 내 인생에는 실로 충분히 예술이란 것이 존재한다고 주장할 수 있네. 내 방에는 벽이 하나도 없어도 되네. 심지어 지붕마저 없어서 머리 위로 무한한 크기를 지닌 아름다운 하늘, 별이 총총한 하늘을 물끄러미 쳐다봐도 좋겠네. 인간의 어떤 인위적인 예술이, 별이 반짝이는 하늘을 쳐다볼 때 내 앞에 전개되는 다채로운 풍경을 선사할 수 있겠는가? 하지만 그렇다고 해서 일반적으로 인정받고 있는 예술 작품들의 가치를 인정하지 않는다는 뜻은 아니네. 이 작품들이 대자연 속 아름다움의 영원한 상징과 비교하면 얼마나 보잘것없는지 나 개인적으로 느끼고 있다는 것을 의미할 뿐이네. 인간의 예술 작품은 영혼이 자아실현으로 나아가게 하는 일을 돕는 한에서만 가치가 있다네.

라 마   그러나 예술가들은 외면의 아름다움을 통해 진리를 보거나 발견한다고 주장합니다. 그런 식으로 진리를 보고 발견할 수 있습니까?

간 디   나는 그 순서를 뒤집고 싶네. 나는 진리 안에서 그리고 진리를 통해 미를 발견한다네. 모든 진리, 진실한 관념만이 아니라 진실한 얼굴, 진실한 그림이나 노래는 모두 정말로 아름답다네. 그러나 사람들은 일반적으로 진리 안에서 미를 보지 못하네. 대개의 사람들은 거기서 도망치고, 그 안에 있는 아름다움에 대해 눈 먼 사람처럼 대한다네. 사람이 진리 안에서 미를 보기 시작할 때 진정한 예술이 일어날 것일세.

라 마　　미가 진리로부터 진리가 미로부터 떨어질 수 있습니까?

간 디　　나는 미가 정확히 무엇인가를 알고 싶네. 만일 그것이 사람들이 일반적으로 이해하는 것을 의미한다면, 그것들은 서로 멀리 떨어져 있을 것이네. 용모가 잘난 여성이 반드시 아름다운가?

라 마　　예.

간 디　　그녀의 성질이 사나워도 아름다운가?

라 마　　물론 그런 경우라면 그녀의 얼굴은 아름다울 수 없습니다. 얼굴은 언제나 내면의 거울일 것입니다. 사물을 인식하는 데 천재성을 지닌 진정한 예술가는 그것을 올바르게 표현할 것입니다.

간 디　　자네는 전체 논점을 교묘히 피하고 있네. 지금 자네는 단순히 외면의 모습이 사물의 진정한 아름다움을 보여 줄 수 있다고 전제하고 있네. 진실한 예술가에게는 외면과는 동떨어져 혼 안에서 진리와 함께 빛나는 얼굴만이 아름다운 것이라네. 그래서 나는 진리에서 벗어나면 미가 없다고 한 것이네. 반대로 겉으로 조금도 아름답지 않은 모습들에서도 진리는 빛날 수 있네. 소크라테스는 당대의 가장 진실한 사람이었지만, 그의 용모는 그리스에서 가장 못생겼었다지. 하지만 내 생각에 그는 아름다운 사람이었네. 그의 인생 전체가 진리를 향한 분투였기 때문이네. 그의 외면이 페이디아스(Pheidias, BC 490~430, 고대 그리스의 조각가)로 하여금 소크라테스 안에 존재하던 진리의 아름다움의 진가를 알아보는 것을 방해하지 않았음을 자네는 기억할 것이네. 페이디아스는 비록 예술가로서 외면적인 모습에서 미를 보는 데 익숙해 있었지만 말이네.

라 마   하지만 바뿌, 가장 아름다운 것들이 아름답지 못한 삶을 산 사람들에 의해서도 때로는 창조됩니다.

간 디   그것은 진리와 허위가 때로는 공존하고 선과 악이 종종 함께 발견된다는 것을 의미할 따름이네. 한 예술가 안에도 사물에 대한 올바른 지각과 그릇된 지각이 공존한다네. 올바른 지각이 작용하는 순간 진실로 아름다운 창조를 할 수 있네. 하지만 이런 순간들은 인생에서도 예술에서도 드물지.

라 마   진실하거나 좋은 것들만 아름답다면 도덕적 성질이 없는 사물들은 어떻게 아름다울 수 있을까요? 그리고 바뿌, 도덕적이지도 비도덕적이지도 않은 사물들 안에는 진리가 있습니까? 가령 일몰 안에, 그리고 밤하늘 뭇별 속에, 빛나는 초승달 안에 진리가 있을까요?

간 디   사실대로 말하자면 그것들이 나로 하여금 그 배후에 있는 창조주에 대해 생각하게 하는 만큼 그 아름다움은 진실하다네. 창조의 중심에 있는 진리를 제외하면 그 무엇이 과연 아름다울까? 내가 일몰의 경이로움이나 달의 아름다움에 경탄할 때, 내 혼은 창조주를 경배하면서 자신을 넓힌다네. 나는 이 모든 창조물 안에서 그분과 그분의 자비를 보려 한다네. 하지만 일몰과 일출이 그분을 생각하는 데 도움이 되지 않는다면, 그것들조차 방해물에 불과하겠지. 혼의 비상(飛翔)에 방해가 되는 모든 것은 미망이고 덫이네. 이것들은 구원의 과정에서 자네를 자주 방해하는 육신과도 같네.

라 마   그렇습니다. 바뿌, 진리가 핵심입니다. 미와 진리는 동일한, 분리되지 않는 두 요소입니다.

간 디   진리는 우리가 추구해야 할 첫 번째 것이네. 그렇게 하면 미와 선이 자네를 따라올 것이네. 내 마음에 비친 예수는 지고의 예술가였네. 그가 진리를 보고 그것을 표현했기 때문이네. 마호메트도 그랬네. 아랍어로 쓰여진 모든 저작들 가운데 《코란(Koran)》이 가장 완벽한 책인데, 이 사실은 학자들도 공감하는 사실이네. 위의 두 사람 모두 진리를 먼저 추구했기 때문에 표현의 고상함이 자연스럽게 묻어난다네. 그렇지만 예수나 마호메트 어느 누구도 예술에 대해 글을 쓴 적은 없다네. 그것이 바로 내가 갈망하는 진리와 미이고, 나는 그것들을 위해서 살고 그것들을 위해서 죽을 것일세.

라 마　　모두는 아니더라도 일부의 예술가들은 결국 미 속에서, 그리고 미를 통해 진리를 볼 수 있지 않을까요?

간 디　　어떤 사람에게는 가능할 수도 있겠지. 하지만 다른 문제에서와 마찬가지로 이 점에서도 나는 수백만 민중들을 생각해야 한다네. 우리는 수백만 민중들이 미 안에서 진리를 볼 수 있도록 미적 감각을 훈련시킬 수는 없을 것이네. 차라리 그들에게 먼저 진리를 보여 주어야 하네. 그렇게 되면 그들은 나중에 미를 볼 수 있을 것이네. 일할 때에도 꿈꿀 때에도 오리사(Orissa)는 내 마음에서 떠나지 않네. 저 굶주리는 수백만 민중들에게 유용한 것이면 무엇이든 내 마음에서도 아름다운 것이네. 오늘 우리는 먼저 인생에서 중요한 사안부터 처리해야 할 것일세. 그리하면 인생의 모든 고결함과 장엄함이 따라올 것이네.

－〈G. 라마찬드란과의 대담(Discussion with G. Ramachandran)〉

《영 인디아》(1924.11.13) ; (1924.11.20)

이 글의 처음 부분 발화자는 마하데브 데사이(Mahadev Desai)로, 데사이는 청년 변호사 시절 간디의 지지자가 됐고, 1917년에서 1942년까지 25년 이상 간디의 충실한 비서 역할을 했다. 라마찬드란은 간디와 타고르 두 사람 모두의 친구였던 영국인 앤드루스의 학생으로 샨띠니께딴에서 왔다. 샨띠니께딴은 인도의 서부 벵골에 위치한 작은 마을로, 앞

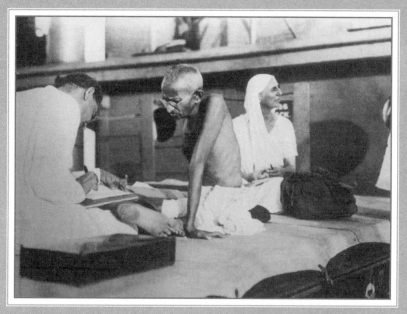

마하데브 데사이와 간디(1944년)
마하데브 데사이(사진 왼쪽)는 간디의 든든한 지지자로서 25년 이상 그의 비서 역할을 수행했다.

에서 언급했듯 타고르가 비스바 바라띠라는 대학을 설립한 곳이기도 하다. 라마찬드란은 예술에 많은 관심을 가진 학생이었다. 보다시피 간디와 이 청년 사이에 소크라테스의 대화법 같은 문답이 진행됐는데, 간디가 예술에 대해 말을 이렇게 많이 한 것은 드문 사례에 속한다. 하지만 여기에서도 모든 일에서 자아실현, 즉 혼의 고양을 추구하려고 하는 간디의 진실한 태도가 잘 나타나 있다.

페이디아스는 그리스의 조각가로 고대의 조각가들 가운데 가장 위대한 인물로 알려져 있다. 하지만 이 글에서 말하는 것처럼 오늘날 페이디아스가 소크라테스 상을 조각했다는 근거는 찾아볼 수 없다.

오리사는 인도 동부의 도시로, 1920년 대규모 기근으로 인해 수천 명이 굶어 죽은 비극적인 곳이다. 간디는 오리사를 인도에서 가장 가난한 주라고 생각했고, 1921년 빈민 구제를 위해 그곳을 방문하기도 했다.

음악은 분노를 잠재운다

질문자　당신은 왜 음악에 그렇게 큰 중요성을 늘 부여합니까?

간 디　음악 교육이 오늘날 우리나라에서 일반적으로 무시되고 있는 것은 슬픈 일입니다. 음악 없이는 교육 제도 전체가 나에게 불완전한 것으로 보입니다. 음악은 개인에게 그리고 민중의 사회적 삶에 감미로움을 가져다줍니다. 쁘라나야마(praṇāyāma, 요가 수행에서의 호흡법)가 호흡의 조절을 위해 필수적인 것이듯, 음악은 목소리 훈련에 필수적입니다. 음악에 관한 지식을 민중 속에 확산하는 일은 우리나라 공공 집회의 일상적 모습인 소음을 조절하고 중지시키는 데 큰 도움을 줄 것입니다. 음악은 분노를 잠재우고, 음악을 적절하게 사용하는 일은 사람을 신에 대한 비전으로 인도하는 데 대단히 큰 도움을 줍니다. 음악은 장황한 음조로 고함치거나 비명 지르는 것을 의미하는 것도 아니고, 무대에서 노래 부르는 것을 의미하는 것도 아닙니다.

나는 음악의 일상적 의미에 대해 언급했습니다. 그러나 그보다 깊은 의미는 우리의 삶 전체가 노래와 같이 달콤해야 하고 음악적이어야 한다는 사실입니다. 진실, 정직 등의 품성 훈련 없이 인생이 그렇게 될 수는 없습니다. 인생을 음악적으로 산다는 것은 인생을 신과 하나 되게 한다는 것, 그분 안에 융합한다는 것을 뜻합니다. 자신 안에서 아직 라가(rāga)와 드베샤(dvesa), 곧 집착과 증오를 제거하지 못한 자, 봉사의 열락을 맛보지 못한 자는 천상의 음악에 대해 조금도 이해할 수 없습니다. 그러니 이 신성한 예술이 가진 이러한 깊은 측면을 고려하지 못하는 음악 공부는 나에게 가치가 거의 없습니다.

　－〈교육에 관한 질문 5(Questions on Education Ⅴ)〉《나바지반》(1928.7.1)

음악 교육에 대한 내용을 다루고 있는 이 글은, 누군가가 음악에 대해 간디에게 질문하고 다시 간디가 답한 것을 주간지에 실은 것이다. 간디는 이 글에서, 자신의 마음속에서 일체의 집착과 증오를 없애고 봉사의 열락을 맛보는 사람이야말로 천상의 음악을 이해하는 자, 곧 최고의 음악가라고 말하고 있다. 따라서 간디는 진정한 음악 교육이라면 마땅히 신에 대한 비전을 아이들에게 가르치는 것이어야 한다고 생각했다.

4. 진정한 민족주의

한 나라의 국민이라면 당연히 자신의 나라를 사랑하고, 자신의 나라가 다른 나라에 속박되어 있다면 그것을 벗어나기 위해 노력할 것이다. 간디의 시대에도 제대로 된 인도 청년들은 당연히 영국의 지배를 거부했을 것이다. 하지만 제국주의 정책을 편다는 이유로 영국인까지 증오해서는 안 된다는 것이 간디의 생각이었다. 그는 애국심이 다른 나라와 다른 민족에 대한 증오로 이어져서는 안 된다고 보았다. 진리와 사랑의 정신은 민족 사이에도 반드시 지켜져야 하는 것이었다. 간디는 이 진리와 사랑 앞에 민족과 국가는 우상일 뿐이라고 믿었다.

우리나라의 함석헌 선생은 바로 여기에 간디의 새 길이 있다고 보았다. 이 두 사람은 민족주의, 곧 애국심을 진리와 비폭력이라는 이상보다 하위에 두었다. 간디는 증오와 갈등을 일으키며 인간을 억압하는 체제나 국가에 반대했지만, 인간 개개인을 증오하는 것에도 찬성하지 않았다. 그는 궁극적으로 진정한 인류애를 추구했다. 우리 국민이 흔히

빠지는 반미 감정과 반일 감정 안에도 그러한 인간에 대한 증오가 없는
지 잘 살펴봐야 할 것이다.

악은 미워하되 사람은 미워하지 마십시오

간 디　　현재 인도의 젊은 세대는 인종 간의 증오라는 문제에 직
면하고 있습니다. 어떤 나라가 있는데 우리는 그 나라의 지배를
원치 않을 뿐 아니라 마음속 깊이 그 나라를 싫어한다고 해 봅시
다. 조국을 사랑하는 사람이 조국을 지배하는 사람들을 증오하지
않을 수 있겠습니까? 조국을 사랑하면서 조국의 지배자들을 증오
하지 않기란 불가능하다는 대답이 수많은 젊은이들의 마음속에서
들려옵니다. 그들 중 어떤 사람들은 자신들의 생각을 백일하에 드
러냈고, 일부는 그 생각을 행동으로 옮겼습니다. 하지만 많은 사
람들은 자신들의 생각을 비밀에 부치고 그 생각을 입 안에만 삼킨
채 살아갑니다.

　나 자신이 바로 이런 문제를 안고 있던 학생이었습니다. 1915년
인도에 돌아온 뒤부터가 아닙니다. 나는 1894년 공적인 생활과 공
공 봉사에 투신한 뒤로 늘 이 문제를 안고 있었습니다. 하지만 나
는 조국애, 곧 민족주의라는 것이 우리가 좋아하지 않는 통치와 우
리를 지배하고 있는 자들, 좋아하지 않는 방식을 도입한 자들에 대

한 사랑에 완벽하게 부합한다는 결론에 신중하게 도달했습니다.

여러분은 조국에 대한 사랑과, 여러분이 호랑이라고 여기는 자들에 대한 사랑을 조화시키기가 매우 어렵다는 점을 잘 알 것입니다. 여러분은 호랑이를 어떻게 사랑하시렵니까?

그것을 다른 방식으로 한번 말해 보겠습니다. 여러분이 호랑이를 반드시 사랑해야 한다는 것은 아닙니다. 하지만 사랑이란 능동적인 힘이며, 오늘 저녁의 주제는 '호랑이를 마땅히 증오해야 합니까? 민족주의에 증오가 필수적인 것입니까?'라는 것입니다. 사랑하지 않을 수는 있습니다. 그러나 꼭 증오해야 합니까? 수많은 사람들의 마음에 있는 대답은 분명 증오해야 한다는 것입니다. 내가 알기로는 어떤 사람들은 호랑이를 증오하는 일을 그들의 의무로 간주합니다. 이런 태도를 옹호하기 위해서 그들은 현대의 법을 인용하고, 때로는 유럽에서 일어난 최근의 파멸적인 전쟁을, 그리고 역사에서 배운 전쟁을 인용합니다. 그들은 법률을 예로 들어, 살인을 저지른 자를 이 사회가 교수대에서 처형한다고 말합니다. 그것이야말로 증오의 표시 아니겠습니까? 거기에 분명히 사랑은 없습니다. 많은 청년들이 민족주의에 증오가 필수적이라고 결론을 내리는 한 이 나라와 세계의 진보는 지체될 것입니다.

3억의 인도 민중들이 10만의 영국인을 증오할 필요가 있습니까? 내가 오늘 저녁의 주제를 구체화한다면 그런 말이 될 것입니다. 한순간이라도 영국인들에 대한 증오를 즐겨한다면 그것은 인류의 존엄성에, 또 인도의 존엄성에 상처를 주는 행위라고 생각합니다. 그렇다고 해서 여러분이 영국 지배자들이 인도에서 범한 과도한 행위들에 대해 눈감아야 한다는 뜻은 아닙니다. 나는 악과 악을 행하는 사람을 특별히 구분해 왔습니다. 악은 미워하되 사람은 미워하지 마십시오. 우리 자신들, 우리 개개인은 악으로 가득합니다. 그러나 우리는 세상이 우리에 대해 인내하기를, 우리를 용서하고 우리에게 관대하기를 원합니다. 나는 영국인들에게도 동일한 대접을 하기를 원합니다. 영국 지배자들이 저지른 수많은 비행에 대해, 또한 우리를 통치하고 있는 제도의 부패 구조에 대해 인도에서 나만큼 격렬하게 그리고 겁 없이 외쳐 온 사람도 없을 것이라는 점은 하늘도 다 아는 사실입니다.

내가 증오심으로부터 자유롭다고 해도, 즉 스스로 내 적수라고 생각하는 자들을 사랑한다고 해도 그것이 나를 저들의 잘못에 대한 장님으로 만들지는 않습니다. 어떤 덕성이 가장 사랑하는 사람 속에 있다고 생각하거나 그 속에 실제로 존재한다는 단순한 이유로 넓어지는 사랑은 사랑이 아닙니다. 내가 나 자신, 인류, 인간성에 진실하다면 인간의 육신이 물려받은 모든 잘못을 이해해야 합니다. 나는 내 적수들의 약점을, 그들의 악덕을 이해해야 합니다. 미워하지 말고 사랑해야 합니다. 그것은 그 자체로 힘입니다. 폭력은 세대와 세대를 통해 우리에게 전해졌습니다. 우리는 그것을 사용해 왔고, 폭력이 유럽과 세상에 어떤 일을 했는지 알고 있습니다. 유럽 문명의 마술이 우리의 눈을 어지럽게 할 수는 없습니다. 그 문명의 표면을 긁어 보십시오. 그러면 여러분은 거기서 취해야 할 것이 거의 없음을 알게 될 것입니다.

내 생각으로는 증오는 민족주의에 필수적인 것이 아닙니다. 인종 간의 증오는 진정한 국민정신을 죽일 것입니다.

민족주의가 무엇인지를 이해해 봅시다. 우리는 우리나라를 위해서 자유를 원합니다. 우리는 다른 나라의 고통을 원하지도 않고 다른 나라에 대한 착취도 원치 않습니다. 우리는 다른 나라가 쇠약해지는 것도 원하지 않습니다. 내 입장을 말씀드리겠습니다. 인도의 자유가 영국인의 소멸과 멸망을 의미한다면 나는 그것을 원치 않습니다. 내가 우리나라의 자유를 원하는 것은 자유로운 우리나라로부터 다른 나라들이 뭔가를 배울 수 있기를 바라기 때문이며, 우리나라의 막대한 자원이 인류의 이익을 위해서 활용될 수 있기를 바라기 때문입니다. 이것은 오늘날 애국 예찬론이 개인은 가족을 위해서 죽어야 하고, 가족은 촌락을 위해서, 촌락은 지역을 위해서, 지역은 주(州)를 위해서, 주는 나라 전체를 위해서 죽어야 한다는 점을 가르쳐 주는 것과 같습니다. 우리가 지역주의에 빠지게 된다면, 구자라프 출신인 나 또한 구자라프를 최고로 여길

테고, 벵골과 다른 주들은 그 다음으로 생각하겠지요. 거기에 민족주의는 전혀 없습니다. 그러나 나는 그렇게 하지 않을 것입니다. 내가 만약 구자라뜨에 살고 있다면 그저 나는 구자라뜨로 하여금 철저히 대비하게 할 것입니다. 즉 나는 구자라뜨의 막대한 자원이 벵골의 처분, 아니면 나라 전체의 처분에 맡겨지도록 준비시킬 것입니다. 구자라뜨가 인도 전체를 위해서 죽을 수 있도록 할 것입니다. 민족주의에 대한 내 사랑, 민족주의에 대한 내 이념은 인류 전체를 위해 우리나라가 자유로워지는 것입니다. 부득이하다면 우리나라가 죽을 수도 있어야 할 것입니다. 여기에는 인종 간의 증오가 들어설 여지가 없습니다. 그것을 우리의 민족주의로 삼읍시다.

질문자 인도인들은 스스로 통치할 수도 없으면서 정치적 자유와 정치적 평등만 원하는 것이 아닌가요?

간 디 질문자는 인도인들이 스스로 통치할 수 없다고 말하면서 무의식적으로 자신의 인종적 편견을 드러내고 있습니다. 이런 편견의 배후에는 우월성을 드러내는 사고, 영국인들이 세계의 모든 일을 처리할 수 있다는 오만함이 있습니다. 나는 내 전 생애를 바쳐 그런 사고와 싸워 왔습니다. 영국인들이 그 입장을 버리지 않는다면 인도에는 평화가 올 수 없고, 지상의 약한 민족들에게는 어떤 평화도 있을 수 없을 것입니다. 인도가 스스로를 잘못 꾸려

가는 것도 인도의 절대적 권한입니다. 지금 내 마음은 팍스 브리태니카(Pax Britanica, 19세기 영국이 제국주의 지배 체제를 확립했던 황금기를 일컫는 말)라고 불리는 평화를 우리나라에 강요하는 어떤 외국인들에 대해 저항하고 있습니다.

－〈캘커타 메카노 클럽에서의 연설(Speech at Meccano Club, Calcutta)〉

《영 인디아》(1925.9.10)

    이 글의 연설 장소는 캘커타의 오버툰 홀이었다. 이 연설에서 간디는 심각하고 진지하게 묻는다. '조국을 사랑하는 사람은 영국인을 반드시 증오해야 하는가?' 간디는 '아니다. 그렇지 않다.'라고 답한다. 간디는 아버지가 잘못을 범한다고 해서 미워할 수는 없는 것과 마찬가지로 영국인을 증오하는 것 역시 인류에 대한 진정한 사랑이 아니라고 보았다. 한마디로 '악은 미워하되 사람은 미워하지 말라.'는 것. 간디는 악을 행하는 자를 인내, 온유, 사랑으로 개심시켜야 한다고 생각했다. 그래서 간디는 자신이 믿는 민족주의가 제국주의자들에 대한 사랑과 완벽하게 맞아떨어진다고까지 말했다. 그리고 여기서 더 나아가 인도 민족은 인류 전체라는 대의를 위해 멸망할 각오까지 되어 있어야 한다고 말한다. 즉 간디는 서로에게 배울 수 있으며 서로를 위해 희생할 수 있는 상호 선린(善隣)의 정신을 인도의 자유와 독립을 추구하는 민족주의 이념 속에 간직하고 있어야 진정한 독립이 가능하다고 생각했던 것이다.

그렇다고 간디가 영국인들의 세계 지배와 오만함을 드러내는 소위 팍스 브리태니카라는 평화를 인정한 것은 아니다. 다만 그는 이런 인종적 편견에 바탕을 둔 사고와 평생 싸워 왔다고 말하면서, 진정한 평화는 인종 간의 편견이 사라져야 비로소 찾아온다는 점을 강조했던 것이다.

나의 형제애는 모든 생명체를 포괄한다

첫 번째로 말씀드리고 싶은 것은 제 사명이 인도인의 형제애만이 아니라는 점입니다. 제 사명은 단순히 인도의 자유가 아닙니다. 비록 그것이 제 인생과 시간 전부를 빼앗아 간다 해도 말입니다. 인도의 자유를 실현함으로써 저는 인류의 형제애라는 사명을 실현하고 수행해 나가기를 원합니다. 제 애국은 배타적인 것이 아니라 모든 사람을 포용하는 것입니다. 저는 다른 국민들의 고통이나 착취를 추구하는 애국은 거부합니다. 제가 생각하는 애국이 모든 경우에 예외 없이 항상 인류 일반의 가장 광범위한 선과 일치하지 않는다면, 그것은 무가치한 것입니다. 제 종교와 거기서 이끌어 낸 애국은 모든 생명을 포용합니다.

저는 인간으로 불리는 존재들과만 형제애를 나누고 하나가 되고 싶은 것이 아니라, 모든 생명, 심지어 땅 위를 기어다니는 벌레와도 하나가 되고 싶습니다. 네, 저는 땅 위의 온갖 미물과도 하나가 되고 싶습니다. 이 말에 충격을 받지는 마십시오. 우리는 하나의 신에게서 온 하나의 자손이며, 사실이 그러하다면 각양각색의 모습으로 드러나는 일체의 생명은 반드시 하나일 것입니다.

　　　　　－〈랑군 대중 집회에서의 연설(Speech at Public Meeting, Rangoon)〉

　　　　　　　　　　　　　　　　《영 인디아》(1929.4.4)

　이 연설에 나타난 간디의 애국심, 곧 민족주의란, 앞에서도 언급된 인류의 형제애와 일치되는 것이다. 영국인과 무슬림뿐 아니라 심지어 땅 위를 기어다니는 벌레와도 하나가 되고자 했던 것이 진정으로 그가 추구하던 애국이었다.

　간디는 이렇듯 아주 개방적이고도 포괄적인 민족주의를 가르쳤지만 인도인이나 힌두교도 전부가 그의 사상을 이해하고 실천했던 것은 아니다. 당시 인도에는 영국 제국주의에 항거하기 위해 무장 투쟁을 주장한 사람들도 있었다. 그런 사람 가운데 '힌두 마하사바(Hindu Mahasabha, 힌두교의 위대한 세상이라는 뜻)'라는 인도의 무장 투쟁 조직에 소속된 마단랄 딩그라(Madanlal Dhingra)라는 청년이 있었다. 그는 1909년 7월 1일 런던에서, 인도 담당 국무 장관인 몰리(Moreley)의 정치 보좌관이었던 커즌 와일리(Curzon Wyllie)를 저격해서 암살했다. 와일리는 벵골 테러리스트들의 재판에서 검사를 맡기도 했던 사람으로 영국의 인도 통치에 일조했다. 사건 당시 딩그라는 런던에서 유학하던 공학도였는데, 당시 인도의 테러리스트이자 무장 투쟁을 지도하던 사바르까르(Savarkar Vinayak Damodar, 1883~1966)의 지령을 받은 것으로 알려져 있다. 딩그라는 체포된 해에 바로 교수형에 처해졌다. 그의 나이 스물두 살에 불과했다. 인도에서는 오늘날까지도 딩그라의 행위에 대한 평가가 엇갈리고 있지만, 당시 간디는 《힌드 스와라즈》에서 딩그라의 정치적 암살 행위에 대해 다음과 같이 준엄하게 비판했다.

딩그라의 행동 및 인도에서 행해진 그와 유사한 행동에 의해 인도가 이득을 얻었다고 믿는 사람들은 중대한 오류를 범하고 있습니다. 딩그라는 애국자였지만 그의 애국은 눈먼 것이었습니다. 그는 그릇된 방식으로 몸을 바쳤습니다. 그 궁극적인 결과는 모두에게 해로울 뿐입니다.

간디는 딩그라의 행위가 일종의 "최면 상태"에서 행해진 것이고, 그를 세뇌시킨 배후 세력의 책임이 더 무겁다고 주장했다. 힌두 마하사바와 사바르까르는 사십 여년이 지난 후 간디의 암살 배후 세력으로 지목되기도 했다.

우리 역사에도 일본 제국주의에 저항한 방법 중 하나로 정치적 암살 행위가 있었다. 하지만 그에 대한 평가는 오히려 긍정적인 측면 일색이었다. 그것은 아마도 당시 대중적 지지를 받으며 광범위하게 벌어진 비폭력 운동이 없었기 때문일 것이다. 또 다른 이유는 함석헌 선생이 지적한 대로 "우리 역사나 문화 전통에 종교심, 즉 깨달음이나 비폭력 정신이 부족했"기 때문일지도 모른다. 간디는 진리 앞에 민족과 국가는 우상일 뿐이라고 생각해서, 민족주의라는 국가주의적 도덕과 개인이 지켜야 하는 도덕 사이의 경계선을 깨 버렸다. 그러나 힌두 마하사바나 사바르까르처럼 힘과 폭력에 대한 숭배론은 인도인이나 한국인의 마음에 보다 깊이 새겨져 있는 듯하다. 누군가는 비현실적이라는 문제를 제기할지 모르지만, 제국주의라는 폭력과 억압의 지배 구조마저 진리와 사랑으로 감싸려 했던 간디의 정신이야말로 다른 어떤 것보다 위대하고 감동적이다.

5. 하늘 보기

성자든 보통 사람이든 인간은 누구나 혼자서 살아가는 것이 아니라 사회나 정치 조직 안에 속해 있다. 또 집단에 소속된 사람이 다른 구성원의 인정을 받기를 원하는 것은 본능이다. 그러나 간디는 우리가 세상 사람들 속에 항상 머물러 있어야 한다고 생각하지 않았다. 그는 때로 우리가 파란 하늘을 올려다봐야 하고, 때로는 홀로 기도와 명상을 하는 것이 훨씬 바람직하다고 생각했다. 즉 낮에는 뜨거운 해, 밤에는 총총히 떠 있는 달과 별을 보며, 우리 자신의 일상적 삶의 무가치성을 자각하고, 종교적 경건함을 기르자고 하는 것이 그의 가르침이다.

하늘에서 신을 느끼십시오

나는 지난 수년 동안 나름대로 마음의 아름다운 평화를 줄곧 느껴왔다. 나는 진리라는 신에게 나를 더 가까이 데려다 줄 것이라고 믿는 모든 것을 배우는 일에 내 자신을 헌신했고, 노년을 장애로 느껴 본 적도 없다. 이에 대한 사례들 중 최근의 것은 하늘을 연구하고 싶은 나의 욕구다. 나는 별들에 대해 무엇인가를 알고 싶은 욕구를 내 마음 깊은 곳에서 자주 느껴 왔다. 하지만 나는 관심을 기울여야 할 수많은 활동 때문에 그 욕구를 충족시킬 수 없다고 생각했다. 그런 나의 신념은 아마 틀렸나 보다. 그 신념 속에 있는 오류를 나 스스로 보지 못하는 한, 그것은 필요한 노력을 기울이지 못하도록 계속 나를 방해할 것이다.

우리는 바로 어린 시절부터 우리의 육신들이 5대 요소, 즉 흙, 물, 불, 바람, 공간(Akasha, '아까샤')으로 이루어져 있음을 배웠다. 우리는 그것들에 대해 잘 알아 두어야 하는데 실제로 아는 바가 거의 없다. 그런 의미에서 먼저 아까샤에 대해 알아보자.

아까샤는 공간을 의미한다. 만일 우리 육신 속에 공간이 하나도 없다면, 우리는 한순간도 살아갈 수 없을 것이다. 우주도 마찬가지다. 우리 지구는 무한한 공간에 둘러싸여 있다. 우리 머리 위에 사방으로 퍼져 있는 것으로 보이는 저 창공, 그것이 아까샤다. 지구에는 양극이 있다. 그것은 단단한 표면을 지니고 있고, 그 축은 1만 2천6백여 킬로미터다. 하지만 아까샤는 텅 빈 공간이다. 만일 이 공간에 축이 있다면, 우리는 그것이 무한한 길이를 지녔다고 생각해야 할 것이다. 이 광대한 공간 속에서 지구는 모래알처럼 작고, 이 모래알

위의 우리 각자도 하나의 알갱이로서 너무나 작아 얼마나 작은지조차 설명할 수 없다. 육신의 측면에서 보자면 인간이란 단순히 무(無)에 지나지 않는다고 말하는 것은 조금도 과장이 아니다. 개미의 크기와 우리의 크기를 비교했을 때보다 우리의 육신을 우주의 크기에 견주는 것이, 천 배나 더 하잘것없다. 그런데 우리는 왜 그 육신에 집착하는가? 육신이 소멸되면 우리는 왜 슬퍼하는가?

물론 인간의 육신은 그 자체로는 보잘것없지만 참으로 위대한 가치를 지닌다. 우리가 아뜨만을 실현하기만 한다면, 그 육신은 아뜨만의 처소가 되고, 빠람아뜨만(Paramatman, 최고의 자아)의 진리 안에 있으면서 진리의 신이 거주하는 처소가 되기 때문이다.

만일 이런 생각이 우리의 마음을 깊이 파고든다면, 우리는 결코 육신을 조잡한 쾌락을 즐기는 도구로 만들고 싶지 않을 것이다. 그리고 만일 우리가 하늘로 우리의 상상력을 가득 채우고, 하늘의 광대무변(廣大無邊)함의 의미를 깨닫고, 우리의 철저한 무가치함을 이해한다면, 인간의 모든 자만은 사라질 것이다. 만일 하늘에 무수히 빛나는 신격(神格, 신과 같은 존재)들이 존재하지 않았다면, 우리 역시 생겨나지 못했을 것이다. 천문학자들의 수많은 발견에도 불구하고 창공에 대한 우리의 지식은 실제로 없는 것이나 다름없다. 그나마 우리가 알고 있는 작지만 추호도 의심 없는 지식은, 만일 태양신이 중단 없는 고행을 중지하고 단 하루라도 휴식한다면, 인류는 멸망하고 말 것이라는 점이다. 달님이 자신의 서늘한 달빛을 쏟아 보내지 않는다면 마찬가지로 같은 결과가 생길 것이다. 자연히 우리가 밤하늘에서 보는 무수한 별들 역시 이 세계를 지탱하는 데 일정한 역할을 맡고 있다는 점을 추론할 수 있을 것이다. 즉 우리는 이 세계의 모든 피조물, 존재하는 모든 만물과 아주 긴밀하게 연결되어 있다. 만물은 자신의 존재를 위해 다른 모든 것에 의존하기 때문이다. 때문에 우리는 소리 없이 창공을 흐르는 빛나는 신격들, 우리에게 은혜를 베푸는 자들에 대해 더 알고자 노력해야 한다.

　여기 우리가 그래야 할 이유가 하나 더 있다. '언덕은 멀리서 보아야 더 아름답다.'라는 격언을 살펴보자. 이 말에는 상당한 진리가 있다. 멀리 떨어져 있으면서 우리를 살게 해 주는 태양에 접근한다면, 그것은 즉시 우리를 태워 재로 만들어 버릴 것이다. 다른 천체들도 마찬가지다. 우리는 지상에서 우리를 둘러싸고 있는 것들의 유익한 성질과 해로운 성질을 알고 있으므로, 때로는 그것들에 대해 반감을 느낄 수도 있고, 그것들 중 어떤 것과 접촉하면 오염되었다고 생각할 수도 있을 것이다. 하지만 창공의 신격들에 대해서 지금 우리는 유익한 것만을 얻을 수 있을 뿐이다. 그래서 우리는 그것들을 바라보는 일에 결코 지치지 않을 것이고, 그것들에 대한 지식으로 우리를 해칠 수 없을 것이다. 또한 신격들에 대해 명상함으로써 상상력을 고무시킬 수도 있을 것이다.

우리 자신과 하늘 사이에 있는 일체의 장애물들이 신체적, 정신적, 영적으로 우리에게 해를 입힐 수 있다는 점에 대해서는 아무런 의심이 없다. 우리가 만일 자연 상태에서 살아간다면, 하루 24시간 내내 창공 아래에 머물 수 있을 것이다. 그럴 수가 없으니, 우리는 가능한 한 많은 시간을 바깥에서 보내야 하는 것이다. 우리는 하늘의 별들을 오직 밤에만 볼 수 있고, 그것도 반드시 드러누워야만 가장 잘 볼 수 있다. 별 보기로부터 궁극적인 도움을 얻으려면 하늘 아래 바로 바깥에서 잠들어야 할 것이다. 그러나 그 장소 인근에 고층 건물이나 키 큰 나무가 있다면, 그것들은 틀림없이 우리의 시야를 방해할 것이다.

아이들과 어른들 모두 자연이 보여 주는 드라마와 웅장한 장면을 사랑한다. 인간들이 만들고 상연하는 어떤 드라마도, 자연이 우리를 위해 하늘의 무대에 펼쳐 놓은 장관을 능가하지는 못한다. 특히 극장 같은 곳에서는 우리의 눈이 손상될 수 있고, 불결한 공기를 마실 수도 있으며, 우리의 도덕심이 약화될 큰 위험에 봉착할 수 있다. 그러나 자연이 펼쳐 놓은 이 드라마는 오직 우리에게 선을 행할 뿐이다. 별 보기는 우리의 눈을 위로한다. 별을 보기 위해서 우리는 바깥에 머물러야 한다. 그것은 우리의 허파에 신선한 공기를 공급한다. 별을 봄으로써 도덕적 인격에 어떤 해로움이 가해졌다는 사례에 대해 우리는 들어 본 적이 없다. 이와 같은 신의 기적에 대해 오래 명상하면 할수록, 우리는 영적으로 더 성장하게 될 것이다. 불순한 생각으로 괴로워하는 자, 자면서 꿈꾸는 자는 누구든 바깥에서 자려고 노력해야 하고, 별 보기에 몰두해야 할 것이다. 그러면 곧 꿈 없는 잠에 들게 될 것이다. 하늘에서 일어나고 있는 이 위대한 장관에 철저히 몰두한다면, 우리는 빛나는 별들이 엄숙한 침묵 속에서 신을 찬양하는 노래 소리도 들을 수 있을 것이다. 눈을 가진 사람으로 하여금 이 영원의 춤이 끊이지 않고 변화하는 모습을 보게 하자. 귀가 있는 자로 하여금 이 무수한 간다르바(Gandarva, 천상의 존재)들의 침묵의 음악에 귀 기울이게 하자.

당신이 원하는 대로 사시오.
하지만 어느 정도든, 어떤 방식으로든 신을 깨달으시오.

– 〈하늘 보기〉(1932)

이 글 역시 간디가 나란다스 간디에게 편지를 보내면서 동봉했던 글로 어떤 잡지에도 실리지 않았다. 여기서 하늘은 영어 헤븐스(heavens)의 번역어인데, 이는 창공, 별님, 달님 모두를 가리키는 표현이다. 왜 우리는 때때로 하늘을 봐야 하는가? 그것은 우주 내에서의 우리 지위가 아주 보잘것없음을 자각하기 위해서다. 이렇게 미미한 존재인 우리가 육신에 집착하며 사는 것은 무가치한 일임을 깨닫기 위해서다.

그러나 간디는 단순히 육신을 무시하지만은 않았다. 그는 앞의 다른 글에서 육신은 다른 사람을 위해 봉사하는 데 진정한 가치가 있다고 했고, 여기서는 아프만이 깃들 귀중한 처소라고 했다. 그러므로 육신 없이는 인생의 최고 목표인 자아실현도 없다. 즉 인간 세상의 번잡함을 잠시 잊고, 신의 존재를 보여 주는 하늘의 별과 달과 창공을 바라보며 다시 한 번 자신을 되돌아본다면, 자아실현은 얼마든지 가능하다는 것이 간디가 말하는 '하늘 보기'다.

간디, 자아실현과 비폭력의 진리 앞에 서다

1. 간디의 시대

간디의 생애는 인도의 역사적, 정치적 배경과 뗄 수 없는 관련을 지녔다. 간디가 벌인 비폭력 운동과 진리파지 운동은 일종의 민족 운동이자 정치 운동이었기 때문에 그 행위만을 보면, 그는 철학자나 종교인이라기보다는 정치인 쪽에 더 가까웠다. 하지만 간디에게는 정치와 종교, 정치와 진리가 불가분의 관계에 놓여 있었다. 그는 정치 행위에도 진리와 사랑이 포함되어야 한다고 믿었고, 이 믿음을 생애 마지막까지 실천하다가 암살당했다. 이런 점에서 간디는 단순한 정치인이나 민족 운동가가 아닌 위대한 영혼인 '마하뜨마'로 남아, 인류의 스승으로서 크게 존경받게 된 것이다. 이러한 그가 일생을 살았던 시대는 팍스 브리태니카, 즉 대영 제국의 전성기와 그것이 서서히 하강해 가던 시기였다.

1) 서구의 출현과 영국의 인도 지배

16세기 초 유럽의 근대화가 진행되면서 유럽 열강들에게 비친 인도의 매력은 특산품 무역이었다. 처음 인도가 제공했던 것은 주로 향료였다. 향료는 육식을 위주로 하는 유럽의 식생활에서는 필수적이었지만, 사회가 발전하기 전까지 귀족들만이 주로 누리던 물품이었다. 그러나 근대화가 진행됨과 동시에 일반인들도 향료를 필수품으로 찾기 시작했고, 이런 상황에서 유럽 열강은 아프리카의 희망봉(喜望峯, 남아프리카 공화국 케이프타운 남쪽에 위치한 곳)을 넘어 먼 뱃길을 따라 인도로 몰려들었다.

영국은 스페인과의 전쟁에서 이겨 유럽에서 패권을 차지한 후, 처음에는 향료를 차지하기 위해 인도를 식민지로 만들려는 공작에 들어갔다. 그런데 16세기 말이 되면서부터 방직 공업을 중심으로 하는 공업 생산이 본격화되었다. 그러자 이번에는 인도에서 들여온 면화와 대마(大麻, 뽕나뭇과에 속하는 식물로 삼베의 원료)가 맨체스터와 버밍엄의 방적기를 돌아가게 하는 원동력이 되었고, 그에 따라 영국은 인도 지배에 대한 욕심을 본격적으로 드러냈다.

그러나 이런 과정 속에서도 영국의 인도에 대한 독점적 지위는 확립된 것이 아니었다. 네덜란드, 프랑스 등의 신생 유럽 열강들은 차례로 인도에 들어와 동인도 회사를 설립하는 등 영국과의 무역 경쟁에 나섰다. 특히 세계 무역을 지배하려는 영국과 프랑스 간의 각축전은 치열했다. 그러나 슐레지엔(Schlesien, 현재 폴란드의 남서부 지역)을 둘러싸고 유럽 열강들이 둘로 갈라져 싸운 7년 전쟁(1756~1763), 인도의 패권을 두고 싸움이 벌어진 까르나따까(Karnataka, 인도의 남서부 지역에 있는 주) 전쟁(1744~1763), 인도에서 벵골의 태수(太守) 시라지 우다울라와 연합해 영국의 동인도 회사와 벌인 플라시 전투(1757)에서 프랑스는 영국군에게 패배함으로써 인도에 대한 식민지 쟁탈전에서 약자의 위치로 내려앉는다. 1760년대, 결국 인도에 대한 영국의 독점적 지배권이 확립되고 인도는 점차 영국의 식민지로 전락한다.

  1757년부터 1947년 인도의 독립 때까지 영국의 지배에 전면적이고 위력적이었던 주요 도전은 1857년에 일어난 반란이었다. 흔히 '세포이 항쟁(Sepoy Mutiny)'이라 불리는 이 무장 투쟁으로 인해 이름뿐인 인도의 무굴 제국(Mughul, 1526~1857, 16세기 초 중앙아시아에서 출발해 인도를 점령하고 다스린 이슬람 제국)이 해체되고, 1858년부터 인도는 실질적인 영국 지배를 받게 됐다. 세포이는 동인도 회사에서 일하는 인도인 병사들을 말하는데, 이들이 델리에서 영국에 맞서 싸우자 전국의 인도 병사들이 집결해 영국을 상대로 싸움을 벌였다. 그러나 이들의 항쟁은 무력과 조직의 측면에서 불충분했고, 세계 최강의 영국군과 맞서기에는 너무도 어려운 상황이었다. 영국은 이들을 제압한 후 무굴 제국을 해체시키고 인도를 공식적으로 통치하기 시작했다. 그리고 1877년 영국령 인도 제국이 성립하면서 인도는 완전한 식민지가 된다. 그러나 이런 공식적인 통치가 있기 훨씬 전부터 영국은 인도에 대한 지배권을 확보하고 그들을 반식민지 상태로 지배했기 때문에, 인도에 대한 '영국 통치 200년'이라는 표현도 그리 큰 과장은 아니다.

2) 서구 문명의 유입과 간디의 사상적 배경

18세기 말부터 시작된 유럽 강대국들의 인도 진출은 경제, 정치, 사회, 문화 등 인도 사회의 전반에 커다란 변화를 초래했다. 특히 다른 열강들과 싸워서 패권을 장악한 영국의 영향은 아주 컸다. 그것은 인도인들의 언어나 생활 습관을 변화시킬 정도로 본질적인 것이었다. 처음에는 영국인들의 진출 거점이었던 캘커타, 뭄바이, 마드라스 등을 중심으로 영어를 배우고 서구식 사고를 갖춘 신(新) 중간 계층이 형성됐다. 이들은 영국식 교육을 받으며 영어를 배우고 영국식 사고와 기독교적 세계관을 접할 수 있었다. 이와 더불어 사회 제도의 근대화 과정에서 이 제도를 도입하고 이끌었던 영국인들의 필요에 따라 많은 관공서, 재판소, 학교 등에서 영어를 구사할 수 있는 이들 계층이 채용된다. 그 결과 변호사, 의사, 교사 등의 근대적 직업에 서구식 교육을 받은 젊은 계층이 자리 잡게 되었다. 물론 사회 조직의 최상층부는 식민지 지배 세력인 영국인들이 차지하고 있었다.

간디는 1869년 태어났는데, 영국이 무굴 제국을 해체하고 공식적인 통치를 시작한 것이 그 10여 년 전이었고, 완전한 영국령으로 만든 것이 1877년이었다. 이처럼 간디의 유년 시절은 영국의 식민지 지배가 본격화되던 시점이었고, 그래서 간디도 영국식 교육을 받고 변호사가 되기 위해 영국 유학을 갔던 것이었다. 간디는 《힌드 스와라즈》에서 현대 문명, 즉 영어 교육을 비롯한, 변호사, 의사 등의 서양 제도를 신랄하게 비판했는데, 이는 영국의 식민지 지배에 의한 인도의 사회적, 문화적 변화가 인도인의 정신마저 타락시켰다고 생각했기 때문이다.

하지만 영국식 교육을 받은 이 신 중간 계층에서 인도 독립 운동의 지도자들이 많이 배출된 것은 특기할 만한 사실이다. 간디와 네루 등이 여기에 해당된다. 심지어 간디의 반대파였던 사바르까르도 영국에서 유학한 경험이 있다. 이들은 인도와 영국이라는 이질적 문명을 겪으면서 자신들의 정체성에 대해 고민했던 지식인들이라고 할 수 있다. 간디 역시 현대 문명에 대해 심하게 비판했지만, 서양 사상으로부터 많은 영향을 받았음을 부인할 수는 없다.

그는 특히 서양의 기독교적 사회 정치 개혁가들, 이를테면 톨스토이, 러스킨, 소로 같은 인물이나 영국과 미국, 아프리카에 사는 퀘이커교도(Quakers, 17세기 중반 영국의 조지 폭스가 일으킨 프로테스탄트의 한 종파로, 의례보다 개인적 내면의 체험을 중시하고 비폭력을 지향하는 퀘이커교를 믿는 신도들)의 영향을 많이 받았다. 간디는 자신이 영향받은 책이나 사상가들을 들면서, 한 예로 《소크라테스의 변명(The Apology of Socrates)》에서 영혼의 질서와 사회 내부의 질서 사이에는 부정할 수 없는 도덕적 관계가 있다는 것, 내면적 양심이 가장 중요하다는 점을 배웠다고 고백했다. 그는 톨스토이로부터는 기독교도의 실천적 계율을 설파한 예수의 산상 설교야말로 진정한 기독교 정신을 담고 있음에도, 오늘날의 기독교도들이 그것을 제대로 실천하지 못하고 있다는 점을 배웠고, 그의 저서인 《천국이 네 안에 있다(The Kingdom of God Is Within You)》를 통해서는 사랑과 무저항의 원리를 정치 영역에도 적용시킬 수 있다는 가능성을 배웠다. 존 러스킨은 간디에게 '개인의 선은 전체의 선에 포함되어 있다.'는 점과, 손발로 직접 하는 노동의 고귀함에 대한 확신을 심어 주었다.

간디는 이처럼 서양의 많은 사상가들로부터 영향을 받았는데 그중에서도 종교와 사회에 대한 적극적인 태도를 배운 점이 가장 주목할 만하다 할 것이다. 즉 그는 인간에 대한 봉사를 통해 신을 추구해야 한다는 원칙, 행위를 통해 진리를 구현하는 능동적인 정신을 배웠다. 이런 점은 개인적인 구원과 해탈에 중점을 두는 힌두교 정신에는 상대적으로 많이 드러나지 않는 자세였다. 이와 동시에 그는 이들 서양 사상가들을 통해 서양의 현대 문명이 지닌 문제점을 정확하게 파악할 수 있는 뚜렷한 안목을 얻었다. 이들과 만나지 않았더라면 인도의 독립과 자치 문제에서 서구를 맹목적으로 모방하려 들었을지도 모른다.

그러나 서양으로부터 많은 것을 배웠다 해도 간디는 서양의 도전에 맞서기 위해서는, 그리고 진정한 진리와 사랑으로 살아가기 위해서는, 인도의 고대 문명이 가르치는 진리와 비폭력, 고행의 정신이 보다 중요하고 근원적이라는 사실을 발견했다. 간디 외에 19세기와 20세기의 인도 사상가들 중에는 서구 사상의 도래에 응전하기 위해 인도의 고대로 달려간 사상가들이 많이 있었다. 하지만 간디 이전에는 고대의 가르침을 주로 정신이나 감성의 영역에서 다루는 것이 일반적이었다. 그러나 간디는 진리와 비폭력이라는 인도 문명의 핵심적인 가르침을 포괄적이고도 강렬하게 행위의 모든 영역으로, 곧 개인적·사회적·정치적 행위와 직접적으로 연결시켰고, 또 그것을 스스로 실천하고자 했다. 이런 점에서 간디야말로 서양과 동양의 한계를 모두 극복하고 그것을 뛰어넘은 사상가였다고 말할 수 있다.

2. 간디의 생애

간디는 평생 신을 깊이 믿고 모든 일을 진리와 사랑으로써 실험했다. 그 실험 내용을 낱낱이 열거하면 그의 생애가 되고, 그것을 줄이면 연보가 되며, 더 줄이면 서너 개의 키워드, 곧 신앙, 진리와 비폭력, 그리고 자아실현이 된다. 그가 실행한 진리파지 하나하나에는 신, 진리, 비폭력, 그리고 해탈의 희망과 그것을 스스로 실험하려는 겸손한 실천의 자세가 담겨 있다. 간디는 "진리는 글이나 말로 전해질 수 없으며 오직 삶을 통해서만 전해질 수 있다."고 믿었다. 따라서 간디의 경우 여느 철학자나 사상가들과는 달리 그의 삶, 특히 그의 행위를 구체적으로 살펴보는 것이 아주 중요하다.

1) 출생과 유년 시절, 그리고 영국 유학

간디는 인도 서북부의 구자라뜨 주 뽀르반다르(Porbandar)에서 1869년 10월 2일 카스트의 제3계급인 바이샤 가문에서 출생했다. 하지만 간디의 조부와 부친 모두 뽀르반다르 등의 주 정부 수상을 지낼 정도로 어느 정도는 성공한 가문이었다. 간디는 아버지 까람찬드 간디(Karamchand Gandhi)와 그의 네 번째 아내 뿌뜰리바이(Putlibai) 사이의 세 아들 중 막내로 태어났다. 그의 가족은 전통적으로 비슈누 신을 믿는 바이슈나바였다. 바이슈나바는 세계를 유지·보존하는 신 비슈누와 그의 화신인 라마와 끄리슈나를 숭배하는 종파로, 신을 최고의 인격으로 간주하고 헌신과 버림을 강조한다. 신도들은 보통 사원에서 예배를 하고 거룩한 서약을 하며 특별한 날에는 단식을 한다. 어린 시절 간디는 아주 독실한 힌두교 신자였던 어머니 옆에서, 신의 존재하심과 '진리보다 강한 것은 없다.'는 인도의 전래 정신을 몸에 익혔다. 여기서 그는 아힘사가 최고의 덕목임도 배웠다. 비폭력과 불살생을 뜻하는 아힘사는 인도 전역에서 힌두교도라면 누구든 보편적으로 인정하는 것이지만, 특히 바이슈나바 힌두교와 자이나교 사이에서 가장 철저하게 실천되어 왔다. 이렇듯 진리와 아힘사는 구자라뜨 지방을 가장 엄격한 채식주의의 땅으로 만들었고, 간디는 바로 이런 분위기에서 태어나고 성장했다.

간디는 일곱 살에 까스뚜르바이(Kasturbai Makanji)와 약혼하고 열세 살에 결혼했다. 그녀는 단순하나 독립적이었고 인내심이 있었다. 간디는 체구가 작고 수줍음 많은 소년이었으며, 특히 유령이나 귀신에 두려움을 잘 느꼈다. 늙은 유모는 그 두려움을 없애는 방법으로 '라마나마(ramanama)'를 가르쳐 주었다. 라마나마란 염불처럼 라마의 이름을 계속 외는 것을 말한다. 간디의 종교적 감정, 즉 라마나마가 틀림없이 치료의 힘을 가지고 있다는 종교적 감정은 이때부터 싹튼 것이다.

그 당시 서양에서 들어온 이념들은 영국 정부가 설립한 고등학교와 대학을 통해 인도로 유입되면서, 인도인들의 해묵은 관념과 습관들을 흔들고 있었다. 새롭게 교육받은 인도인들은 인도인의 신체가 유약해진 원인, 그리고 정치적 노예 상태의 원인이 되었다고 생각되는 습속들에 몰래 도전하고는 했다. 열다섯 살의 간디도 나이 든 소년들의 영향을 받아 집에서는 상상도 할 수 없는 일, 즉 육식하고 흡연할 수 있는 장소를 찾기에 이른다. 이를 위해서 간디는 집에서 몇 닢의 동전과 금을 훔치기까지 했다. 간디는 그러나 이런 금지된 행동에 참여함으로써 부모를 거역했다는 사실에 죄의식을 느끼고 곧 후회를 한다. 그는 어떤 처벌이라도 달게 받을 요량으로 용기를 내, 이런 잘못된 행동을 부친에게 고백했다. 하지만 놀랍게도 부친은 꾸짖지도 처벌하지도 않고, 말없이 눈물을 흘리며 그를 용서해 주었다. 아버지의 이런 행동은 간디에게 진리와 사랑에 대한 최초의 교육이 되었다고 그는 《자서전》에서 고백했다. 진리의 힘이 사랑을 불러냈고, 사랑은 조용하지만 효과적으로 그의 마음을 변화시켰다. 간디는 《자서전》에 다음과 같이 적었다. "이것은 나에게 있어서 '아힘사'의 실제 교육이었다. 당시에는 거기서 한 아버지의 사랑만을 보았지만, 오늘날 나는 그것이 순수한 아힘사임을 안다. 그러한 아힘사가 모든 것을 끌어안을 때 그에게 닿는 모든 것이 변화된다. 그 힘에는 한계가 없다."

1888년 열아홉 살이 된 간디는 자신이 속한 카스트 장로들의 반대에도 불구하고, 어머니에게 술과 여자와 고기를 가까이 하지 않겠다고 서약한 다음 법률 공부를 하러 영국으로 유학을 떠난다. 이 서약과 어머니에 대한 사랑과 존경 덕분에 그는 런던에서 여러 번 유혹과 타락의 함정에서 벗어난다. 서약을 지키기 위해 부단히 노력하면서 그는 서약의 장점을 깨닫게 되었고, 그 후 경건한 소원을 효과 있게 실천하기 위해 여러 차례 서약을 한다.

간디는 런던에 있는 이너 템플(Inner Temple) 법학원에 등록하고 공부를 했다. 그러나 그는 법률 공부에 몰두하기보다 다방면의 관심사를 자유롭게 추구했다. 그가 서양의 위대하고 훌륭한 사상을 배운 것도 바로 이 영국 시절이었고, 인도 문화의 위대한 정신들에 대해 지식을 얻고 자신감을 갖게 된 것도, 인도 문명에 대해 안목이 높았던 서양인 옹호자들을 통해서였다. 그는 에드윈 아널드(Edwin Arnold, 1832~1904, 영국의 시인이자 저널리스트)가 쓴 《아시아의 빛(The Light of Asia)》을 읽고 부처의 생애에 대해 깊은 감동을 받았으며, 《천상의 노래(The Song Celetial)》라는 제목으로 번역된 《기따》를 읽고서는 그 가르침을 마음으로 깨우치게 됐다. 《신약성서》에 나오는 예수의 산상 설교를 읽은 것도 그 무렵이었다. 간디는 《자서전》에서 다음과 같이 말했다. "《신약성서》는 매우 색다른 인상을 주었고 특히 산상 설교는 사뭇 내 가슴을 찔렀다. 나는 그것을 《기따》에 견주어 보았다. 예를 들어 이런 구절, 즉 '그러나 나는 너희에게 이르노니 너희는 악한 것을 대적하지 말라. 누가 네 오른편 뺨을 치거든 그에게 다른 편을 돌이켜 향하라. 또 누가 네 겉옷을 취하거든 그에게 속옷까지 가져가게 하라.' 같은 말이 나를 한없이 기쁘게 했다. 나의 어린 마음은 《기따》의 가르침과, 《아시아의 빛》과 산상 설교를 하나

로 통일시키고자 했다. 내버림이야말로 종교의 최고의 경지란 생각
이 마음속을 강하게 울렸다." 이후 그는 영국의 사회 개혁가이자 저
술가인 솔트(Henry S. Salt, 1851~1939)의 《채식주의를 위하여(A Plea For
Vegetarianism)》를 읽고 채식주의자가 되기로 결심한다.

간디는 영국으로 건너가 법률 공부를 하며 두 가지를 얻었다고 했
다. 하나는 법의 3분의 2는 진실, 곧 사실이라는 원리였다. 간디는
이 원리를 법률 행위와 정치 행위에 적용하고자 애썼다. 그는 뒤에
변호사가 되어서도 사실의 수집을 위해 누구보다 근면하고 끈기 있
게 노력했다. 이것은 그의 진리파지 정신에도 잘 들어맞는 것이었
다. 간디가 두 번째로 배운 것은 신탁(信託)의 원리였다. 간디는 이
원리를 부자들에게 적용해, 부자는 부의 주인이 아니라 부를 임시로
맡아 관리하고 있는 사람, 즉 피신탁인이라고 주장했다. 이후 그는
많은 사람들에게 부를 민중의 복리를 위해서 사용하라고 설득하게
된다.

1891년 22세 되던 해, 런던 생활 3년 만에 간디는 변호사 자격을
취득했고, 런던 고등 법원에 등록하자마자 바로 인도로 돌아왔다.
이즈음 그는 자신이 살아갈 인생의 모든 기본 원리들을 확립했고,
채식이나 기도 등의 행동 방식 역시 정해 놓은 상태였다. 이에 대해
인도의 철학자 다따(D. M. Datta, 1824~1873)는 "간디는 최선으로 보이
는 삶의 방식, 곧 동서양에서 가장 위대한 인간들이 발전시켰던 삶

의 방식을 받아들였다."고 평했다.

그는 고국에 돌아와서야 어머니가 돌아가셨다는 사실을 알게 됐다. 간디의 형이 먼 이국땅에서 가슴 아파할 동생을 위해 그 사실을 미리 알리지 않았기 때문이었다. 간디의 형은 친척들의 반대에도 불구하고 유학을 다녀온 동생에 대한 기대가 컸다. 그는 동생을 여러 가지로 배려해 주었는데 친척들과의 화해를 주선한 것도 그중 하나였다. 그러나 뭄바이에서 법률 사무소를 열게 된 간디는 이런 기대에도 불구하고, 초짜 변호사로서의 경험 미숙과 법원의 수수료 요구에 대한 거절 사건 등으로 6개월 만에 사무실 문을 닫는다. 하는 수 없이 그는 라즈꼬뜨(Rajkot, 구자라뜨 주의 도시)로 이동해, 형의 친구이자 잘나가는 변호사의 법률 문서 대행업을 하며 일정 수입을 올린다. 그런데 여기서도 형에 대한 영국인 주재관의 편견을 풀려다가 실패한 일, 재판을 둘러싼 비리와 모략 등에 부딪쳐 심한 갈등과 고민에 빠진다.

2) 남아프리카에서의 진리파지 운동

1893년 24세가 된 간디는 인도에서의 여러 가지 문제에 고민하던 중 다다 압둘라(Dada Abdullah) 사(社)의 제안에 따라 법률 고문으로서 남아프리카에 가게 된다. 당시 남아프리카의 나탈에는 4만여 명의 인도인들이 살고 있었는데, 그들은 1860년 이후 계약 노동자로 남아프리카로 보내진 사람들이었다. 말하자면 "새로운 노예제"의 노예와 다름없는 신세였다. 당시 남아프리카 사회는 인종 차별이 심했고, 영국인은 인도인을 모조리 '쿨리(coolie)'라고 낮춰 불렀다. 원래 육체노동자를 의미하는 이 말을 모든 인도인에게 적용시켜, 쿨리 교사, 쿨리 상인, 쿨리 변호사 등으로 부른 것이다.

결혼을 하긴 했지만 여전히 혈기왕성한 20대 청년이었던 간디는 남아프리카에 도착하자마자, 자신의 일생에서 가장 "창조적인 경험"을 하게 된다. 어느 겨울 간디는 업무를 위해 일등석 표를 구입해 기차 여행을 했는데, 백인 승객 한 사람이 인도인인 간디에게 일등석에 앉지 말고 삼등석으로 옮기라고 요구한 것이었다. 간디는 이를 거절했고, 긴 실랑이 끝 경찰관에 의해 결국 기차 밖으로 내동댕이쳐졌다. 갑자기 어둡고 추운 곳으로 쫓겨난 그는 인종 차별이라는 깊은 병에 대해, 그리고 이 문제에 대한 자신의 의무에 대해 깊이 생각하게 됐다. 《자서전》에는 다음과 같이 적혀 있다. "나는 나의 의무에 대해 생각하기 시작했다. 내 권리를 위해서 싸울 것인가, 인도로 돌아갈 것인가? 아니면 모욕받은 것은 생각하지 말고 그냥 프리토리아(Pretoria)로 가서 사건을 끝낸 다음 인도로 향할 것인가? 그러나 할 일을 하지 않고 인도로 돌아가는 것은 비겁한 일이다. 내가 당한 고통은 겉으로만 드러난 것에 불과하다. 그것은 유색 인종에 대한 차별이라는 깊은 병의 일부에 지나지 않는다. 나는 어떤 고통을 겪으면서라도 그 병의 뿌리를 뽑도록 힘써야 한다."

간디는 인종 차별에 맞서기로 결심했고 그 방법은 비폭력 저항이었다. 그 결과 1년 계약으로 남아프리카에 간 그는 그곳에 무려 20년 동안이나 머물게 된다. 간디는 이런 투쟁 과정에서 어려움에 닥칠 때마다 자신을 되돌아 보고 그것을 다른 사람들에게 봉사를 하기 위한 더 좋은 기회, 신이 준 기회로 삼았다. 이런 마음의 자세야말로 결국 그의 생애를 아름답게 만든 성공의 비밀이 되어 주었다.

이 기간 중에 간디는 《코란》과 톨스토이의 《천국이 네 안에 있다》를 공부했다. 이는 이슬람교도나 기독교도인 인도인들과 함께하기 위한 것이었다. 이와 더불어 남아프리카에서의 권리 투쟁을 구체화시키기 위해 유럽인 변호사들의 반대를 무릅쓰고 나탈과 트란스발 고등 법원에 변호사로 등록했다.

이렇게 간디는 남아프리카의 인종 차별에 대해 저항하면서도 1899년 12월 보어 전쟁(1899~1902, 남아프리카에서 벌어진 영국과 보어인과의 전쟁)에 참전하기 위해서 인도인 위생병 부대를 조직하기도 했다. 이는 영국 통치에 대한 그의 충성심에서 나온 행위였는데, 당시만 해도 간디는 스스로 영국 시민이라는 생각에 자신의 권리를 당당히 내세우곤 했었다고 한다. 그래서 대영 제국을 방어하는 일에 참가하는 것 역시 자신의 당연한 의무라고 생각했던 것이다.

남아프리카의 투쟁 과정에서 간디는 자신의 진리파지 운동을 널리 알리기 위해 잡지 등의 언론 매체가 중요하다는 사실을 깨달았고, 1903년 인도인의 여론이라는 뜻의 주간지 《인디언 오피니언》을 창간했다. 그는 이 주간지를 "생활의 거울"이라고 칭했고, 여기에 진리파지의 원리와 실천 사항을 주로 해설했다. 1904년에는 공동 노동과 공동 생활을 다룬 러스킨의 《이 최후의 사람에게(Unto This Last)》에서 영감을 얻어 더반(Durban) 인근에 피닉스 정착촌을 설립했다. 손발을 통한 노동을 강조하는 공동체 생활은 인도에 귀국한 다음에는 아슈람 창립으로 이어졌고, 아슈람은 진리를 실험하는 데 필수적인 훈련 장소가 됐다.

보어 전쟁으로 영국 직할령이 되었던 트란스발은 1907년 네덜란드 계열의 루이스 보타(Louis Botha, 1862~1919)가 이끄는 정당이 승리를 거두면서 자치 정부가 됐다. 그런데 이 자치 정부는 아시아인들에 대한 인두세를 걷기 위해 아시아인 법 개정안을 제출했고 의회는 이를 통과시켰다. 모든 인도인은 7월 31일까지 이 법에 따라 등록을 해야 했다. 간디와 그의 추종자들은 이 법을 "검은 법"이라고 비난하고 '수동적 저항 연합'을 결성해서 등록 거부 운동을 벌였다. 아시아인 법의 철회를 요구하는 대중 집회가 열렸으며, 집회마다 강력한 저항을 결의했고, 간디는 수동적 저항의 중요성에 대해 설명하고 총파업을 실시했다.

투쟁이 진전되자 간디는 '수동적 저항'이라는 말이 이 운동의 올바른 의미를 표현하는 데 적절하지 않다는 사실을 깨달았다. 일부 유럽인들이 이 말을 너무 좁은 의미로 해석하고 있었고, 약자의 무기를 폭력이라고 오해했기 때문이었다. 그래서 간디는 자신의 비폭력 저항에 대한 새로운 이름을 《인디언 오피니언》에 현상 공모했고, 거기 들어온 말을 약간 변형시켜 진리파지, 즉 사땨그라하라는 말로 정리했다. 이것이 1908년 1월의 일이다.

트란스발 정부의 등록 관리들은 지역마다 돌아다니며 사람들에게 등록을 독려했지만 별 효과를 거두지 못했다. 간디는 이 검은 법에 저항하면서 여러 번 체포되고 석방되기를 반복했다. 그런데 그때 인도인을 격분시킨 또 하나의 판결이 나왔다. 1913년 남아프리카의 한 판사가 기독교 의식에 따라 치러진 결혼식과 결혼 등록관이 기록한 결혼만이 유효한 결혼이라고 판결한 것이었다. 간디는 아내 까스뚜르바이에게 이 사실을 털어놓았다. 그녀는 격노했다. "그럼 이 나라의 법에 따르면 나는 당신 아내도 아니란 소린가요?" 간디가 그렇다고 하자 까스뚜르바이는 "그럼 인도로 가요."라고 말했다. 간디는 "안 되오. 그것은 겁쟁이 같은 행동이며, 그래서는 해결되는 게 없소." 하며 아내를 설득했다. 간디의 이 말에 까스뚜르바이는 건강이 좋지 않음에도 불구하고 다음부터 투쟁에 참여하겠다는 의사를 밝혔다.

1914년 트란스발 정부는 간디와의 합의 아래, 즉 사땨그라하 운동을 중지한다는 조건으로 인도인들의 요구 사항을 수락했다. 비로소 힌두교나 이슬람교의 전통에 따라 거행된 인도인의 모든 일부일처제 혼인이 정당한 것으로 인정받았다. 3파운드의 인두세는 폐지됐고, 연체금 청구도 취하됐다. 차별 조항이 완전히 해소된 것은 아니었지만 간디는 실질적인 승리를 거두었다고 생각했다. 그리고 이때부터 그는 인도인 사이에서 영웅으로 부상하게 된다.

이렇듯 간디는 남아프리카에서의 저항 운동을 이끌며 인도에서 영국 제국주의와 싸울 정치적이고도 영적인 기초를 닦았다. 그는 사땨그라히, 곧 진리파지자가 되어 정치적 자유와 독립을 위해 투쟁하는 것을 민중의 당연한 종교적 의무로 보았고, 자신은 그들의 하인이라는 신념을 갖게 됐다. 간디는 이제 그 신념을 인도에서 펼치기로 결심한다. 그는 1914년 말 남아프리카를 떠나 런던을 잠시 경유한 다음 인도로 향한다.

3) 인도에서의 진리파지 운동

간디는 1915년 1월 아내와 네 아들을 동행하고 인도 뭄바이에 도착한 다음 "진리에 헌신하고 진리를 찾고 주장하기" 위해서, 아마다바드에 사땨그라하 아슈람(나중 사바르마띠 아슈람으로 개명)을 설립했다. 간디는 아슈람 운영을 위해서 상세한 규칙과 준수 사항을 규정했다. 그리고 그해 9월 간디는 불가촉천민 한 가족을 신의 자손, 즉 하리잔이라고 부르면서 아슈람에 받아들였다. 이 행위로 아슈람은 내외에서 커다란 시련을 겪었다. 아슈람을 돕고 있던 친구들이 재정 원조를 중단해 버린 것이었다. 더욱 심각한 일은 내부에 커다란 갈등이 일어났다는 점이었다. 그러나 시간이 흐르면서 간디의 본래 의도가 이해되기 시작했고, 아슈람에 경비를 대는 힌두교도들이 증가했다. 내부의 갈등 역시 진정 국면을 맞았다. 간디는 《자서전》에서 이것을 "소규모의 사따그라하"라고 일컬었다.

20년 이상을 외국에서 지낸 간디는 한동안은 정치에 관여하지 않고 조용히 살고자 했다. 그래서 적어도 5년 동안은 대규모 사따그라하 운동을 벌이지 않았다. 이 기간에 그는 인도의 대다수 대중들이 촌락에서 어떻게 살아가는가를 파악하는 데 치중했다. 간디는 대중들과 하나가 되기 위해 단출한 복장으로 아내와 함께 삼등 기차를 타고 인도 각지를 여행했다. 이 과정을 통해 그는 가난한 사람들의 눈으로 인도를 보게 됐고, 영국인 지배자들은 물론이고 철도 회사 관리들마저 그들을 거칠게 대하거나 무시하고 있음을 두 눈으로 직접 확인했다. 또한 그는 가난한 사람들의 예의 없는 태도와 불결한 습관에 대해서도 마음 아파했다. 하지만 그는 무례하고 불결하지만 소박한 이 농민들이 바로 희망이라는 믿음을 버리지 않았다.

1917년 4월, 마침내 간디는 직접 행동에 나서기 시작했다. 참빠란(Champaran, 인도 동부 지역)에서 인디고(indigo, 남색의 천연 염료) 농장 소작 농민들의 분쟁이 일어나자 그는 농민들의 요청에 따라 그 사건에 개입했고, 12월 소작농 위원회와 농장주들 사이의 타협을 이끌어 냈다. 이렇듯 인도에서 최초로 벌인 사땨그라하 운동은 소작민들의 전폭적인 지지 아래에서 전개됐다. 이 투쟁의 과정에서 정부 변호인, 치안 판사, 세금 징수관, 경찰 국장 같은 지배 세력 혹은 그들의 하수인들이 직간접으로 개입하면서 간디와 농민들의 투쟁을 막았다. 이것은 당연히 대영 제국의 개입을 의미했고 자연스레 간디의 독립 운동과도 연결되는 것이었다. 간디는 《자서전》에, 자신을 친구처럼 맞으며 열렬히 지지해 준 농민들과의 만남에 대해 "신과 아힘사, 그리고 진리와 얼굴을 맞대고 보는 것"이라는 표현을 썼다. 그 후 간디는 케다(Kheda, 구자라트 주의 지명) 지역 소작농 분쟁, 아마다바드 방직공 파업 등에도 관여하면서 많은 이들을 이끌었다.

이렇듯 농민과 공장 직공 등 민중과 더불어 투쟁하는 간디의 비폭력 운동은 인도 민족주의 운동에 새로운 바람을 일으켰다. 간디가 등장하기 이전, 인도 민족주의 운동 내지 독립 운동을 이끌어 왔던 주류는 대도시를 기반으로 한 중간 계층이었다. 하지만 이제 그것은 전 민중의 참여 속에 이루어지는 민중 운동으로 변모한 것이었다.

4) "히말라야만큼 큰 오산"과 암리짜르 사건
인도에서 본격적인 대영 투쟁은 롤래트 법안을 계기로 일어났다.

1918년 7월 영국인 판사 시드니 롤래트가 위원장으로 있던 위원회는, 정부가 정치적 저항에 대해 엄격한 규제를 지속해야 한다는 내용의 보고서를 발표했다. 그리고 이것은 결국 이듬해 배심원 없이 정치 재판을 하고, 공판을 거치지 않고도 피의자를 구속할 수 있다는 롤래트 법안으로 통과되었다. 법의 내용도 억압적이어서 문제였지만, 더 큰 문제는 그 시기였다. 당시 인도에는 제1차 세계대전으로, 시민의 자유 제한 및 언론 검열 등이 포함된 1915년의 인도 방위법이 발효되어 강압적인 조치가 지속되고 있었으나, 전쟁의 종식으로 시민적 자유의 복원을 기대하는 분위기가 팽배해 있었다. 더구나 영국 정부는 제1차 세계대전이 끝나면 인도를 자치령으로 만들어 주겠다고 암시해 왔던 터였다. 이런 시기에 롤래트 법안의 통과는 인도인의 정치 활동을 지속적으로 억압하겠다는 의사 표현이나 다름없었다. 간디는 이 법안을 악법으로 규정하고 4월 6일 전 인도에 사땨그라하 운동을 선언, 전국적인 파업을 시작했다. 영국이 인도를 식민지화한 이후 이렇게 대규모로 전국적인 파업이 일어난 것은 처음이었다. 하지만 간디의 예상과는 아주 달리 집회는 군중 심리에 의해 폭력적으로 변질돼 갔다. 델리에서는 시가 폭동과 시위가 벌어졌고, 비슷한 폭력 사태가 곳곳으로 번지고 있었다. 간디는 여러 지역에서 일어난 폭동에 경악하고, 자신이 "히말라야만큼 큰 오산"을 했다고 고백한 다음, 4월 18일 운동을 중지시켰다.

간디가 민중의 능력을 과신한 것도 실수였지만 이 과정에서 영국은 엄청난 결과를 초래한 더 큰 실수를 저지르게 된다. 그것이 바로 1919년 4월 13일 발생한 뻰자브의 암리짜르 대학살이었다. 맨손의 집회 군중에 총격을 가해 천여 명을 학살한 이 사건으로 인도인과 영국인의 관계는 완전히 달라졌고, 간디는 대영 제국에 대한 충성을 포기한다고 선언했다. 이어 1920년 8월 간디는 평생 스와데시의 상징인 카디를 착용하겠다고 밝히며 독립 운동에 헌신할 것을 결의했다.

스와데시의 실현을 위해 1921년 간디는 힌디어를 인도 공용어로 삼자고 호소했고, 인도에 2백만 개의 물레를 설치할 계획도 진행했다. 그는 외제 천에 대한 전면적 불매 운동을 전개하고, 뭄바이에서는 거대한 외제 천 소각을 지도했다. 그해 말 대규모 사땨그라하 캠페인을 시작했으며, 국민회의는 이를 전폭적으로 지지했다. 주 정부는 국민회의 등 많은 자발적 조직들을 불법 단체로 선언하고 정치적 집회를 중단하라고 명령했다. 그리고 수많은 국민회의 지도자들이 체포됐다.

간디는 1922년 3월 선동 혐의로 사바르마띠에서 체포당했고 6년 형을 언도받았다. 1924년 55세가 되던 해 1월 그는 건강이 악화되어 맹장 수술을 받고, 열흘쯤 뒤 교도소에서 석방된다. 5월에는 석방된 이후 최초로 대중 앞에 등장해 뭄바이에서 거행된 석존 탄신 기념식의 의장이 되었다. 이 기념식에서 간디는 다음과 같이 연설했다. "부처는 진리를 위해서 살고 진리를 위해서 죽었습니다. 인도가 멸망한 것은 부처의 가르침을 수용했기 때문이 아니라 그것에 따라 사는 데 실패했기 때문입니다. 그는 진리와 사랑의 최종적인 승리를 신뢰하라고 가르쳤습니다."

1925년 11월 그는 《자서전》 집필을 시작한다. 1928년 12월에는, 1929년 말까지 인도에 자치령 지위가 부여되지 않는다면, 독립을 선언하겠다는 결의안을 캘커타 국민회의에 제출했다. 1929년 60세가 되던 해 2월 《자서전》을 완성했다. 그리고 영국 정부가 국민회의 결의안을 무시하자 12월 라호르(Lahore) 국민회의에서 "이제 스와라즈는 완전 독립(Purna Swaraj, '뿌르나 스와라즈')을 의미한다."라고 선언했다.

5) 완전 독립 선언과 소금 행진

1930년 1월 간디가 준비한 독립 선언은 인도 전역에 선포됐고, 그에 대한 반응은 엄청났다. 인도 전역의 모든 도시와 수많은 마을이 독립의 깃발을 내걸고 간디의 성명서를 읽었다. 간디의 이 1월 26일 성명서 초안에는 다음과 같은 구절이 있었다.

인도의 영국 정부는 인도인으로부터 자유를 빼앗았고, 대중을 착취하고 있으며, 경제적, 정치적, 문화적, 정신적으로 인도를 파멸로 몰아

넣었다. 따라서 우리는 인도가 영국인들과 관계를 단절하고 완전한 독립을 얻어야 한다고 믿는다.

그런데 간디는 영국에 맞서기 위해 어떤 쟁점 사안을 가지고 시민 불복종 운동을 시작할 것인지 아직 결정하지 않은 상태였다. 이때 "내면의 목소리"가 그를 한 가지 결정으로 이끌었고, 3월 초 그는 마음을 굳힌다. 자유로운 소금 제조를 금지하는 소금 법에 저항하기로 한 것이다. 간디는 과도한 소금 세에 고통을 받는 농민을 위해 78명의 동조자와 함께 사바르마띠 아슈람에서 구자라프 주 단디(Dandi)에 이르는 4백 킬로미터를 행진해서 소금을 직접 만들기로 했다. 1930년 3월 12일 사바르마띠에서 단디까지 소금 행진을 시작하고, 4월 6일 단디 해안에서 소금을 제조함으로써 그는 결국 소금 법을 위반했다. 이와 더불어 인도 전역에서 사땨그라하를 시작했다. 그해 5월 간디는 체포되어 재판 없이 예라브다 교도소에 수감됐다. 인도 전역에서는 파업이 실시됐고, 그해 말까지 10만 명 이상이 수감됐다. 1931년 1월 간디는 다른 국민회의 지도자들과 함께 석방됐다. 3월이 되자 간디와 인도 총독 어윈[Edward Wood Irwin, 부왕(副王) 재임 기간 1926~1931, 부왕은 영국의 왕을 대신한다는 의미의 직책] 사이에 간디 - 어윈 협정이 체결됐는데, 대부분의 수감자들을 석방하고 가정용 소금의 개별적 생산을 허용한다는 내용이었다.

간디는 1931년 9월, 영국 당국자와 인도 지도자들 사이에 인도 독립 협의를 위해 결성된 런던 원탁회의에 참석함으로써, 인도의 완전 독립의 필요성을 천명하고자 했으나 별다른 성과를 얻지 못한다. 그해 12월 귀국길에는 스위스를 들러서 로맹 롤랑을 만났다. 롤랑은 프랑스의 유명한 소설가, 극작가, 수필가로서 여러 가지 인권 운동에 많은 공헌을 했으며, 7년 전인 1924년에는 간디의 생애를 그린 《마하뜨마 간디》를 발표한 바 있었다.

1932년 1월 국민회의 운영 위원회는 억압적 법령에 항의하는 시민 불복종 운동을 다시 시작하겠다는 간디 결의안을 수용했다. 이 일로 간디는 체포되어 예라브다 교도소에 다시 수감됐다. 그러나 그는 1933년 수감 중에도 하리잔 봉사회를 창설해서 하리잔의 지위 향상을 위해 노력했고, 8쪽짜리 잡지 《하리잔》을 창간, 이것을 정부에 의해 정간당한 《영 인디아》를 대신하는 매체로 삼았다.

6) '영국은 인도를 떠나시오' 운동 시작

1942년 3월 일본은 미얀마의 랑군[Rangoon, 미얀마 수도 양곤(Yangon)의 옛 이름]을 함락시켰고, 영국은 인도인의 제2차 세계대전 참전을 강제 실시했다. 이에 대해서 간디는 4월 《하리잔》에 발표한 〈인도의 외국 병사〉를 통해 영국의 즉각 철수라는 입장을 처음으로 나타냈다. 1942년 8월 8일 뭄바이에 모인 국민회의 위원회는 비폭

력 대중 투쟁을 촉구하는 운영 위원회의 결의안을 거의 그대로 승인
했다. 영국 철수 결의안의 통과와 함께 간디는 '영국은 인도를 떠나
시오' 운동을 시작했다. 같은 날 간디는 위원회에서 애국적 열정에
대해 아주 긴 연설을 했는데, 그 안에 다음과 같은 구절이 있었다.

여러분에게 아주 짧은 만뜨라를 드리겠습니다. 여러분은 이것을 가
슴에 새기고 숨을 쉴 때마다 그것을 실천하십시오. 그 만뜨라는 다음
과 같습니다.
'행동이냐 죽음이냐.'
우리는 인도를 자유롭게 하거나, 아니면 그렇게 하려다가 죽을 것입
니다. 모든 인도인들은 신과 자신의 양심을 증인으로 세우고, 이제 자
유를 달성할 때까지 쉬지 않겠다고, 그것을 얻기 위해 목숨도 내놓겠
다고 맹세하십시오. 자유는 비겁자의 것도 심성이 약한 자의 것도 아
닙니다.

간디의 예상과 달리 그는 다음 날 체포되어 뿌네(Pune)의 아가 칸
궁전(Aga Khan Palace)에 구금됐다. 1944년, 거기서 아내 까스뚜르바
이가 별세했다. 이후 수많은 폭동이 발생해서 수백 명의 민간인이
사망하고 공직자와 군인들이 죽음을 맞았지만 간디는 비폭력 운동
을 포기하지 않았다. 제2차 세계대전이 끝나가면서 인도가 점차 독

립의 희망을 갖기 시작할 무렵 그러나 무엇보다도 가장 어려웠던 문제는 힌두와 무슬림과의 갈등이었다. 간디와 진나(Mohammed Ali Jinnah, 1876~1948, 인도의 이슬람교 지도자이자 파키스탄의 건국자)는 이런 상황에서 종교 간의 갈등을 극복하고 서로 합의할 수 있는 지점을 찾기 위해 노력했다. 이에 대해 젊은이들을 포함한 많은 힌두교도들이 간디를 거세게 비판했지만, 간디는 자신의 소신을 끝까지 꺾지 않았다. 하지만 힌두와 무슬림 사이에는 불신과 반목, 그리고 폭동이 끊이지 않았고 점차 그 골이 깊어지고 있었다.

7) 간디의 비탄과 죽음

제2차 세계대전의 종전과 함께 국내외의 여건은 인도의 독립에 밝은 빛을 던져 주기 시작했다. 우선 영국의 정권 교체와 이에 따른 정책 변화를 들 수 있다. 영국은 애틀리(Clement Richard Attlee, 1883~1967, 영국의 정치가로 1935년부터 1955년까지 노동당 당수를 지냄) 노동당 정권으로 바뀌면서 인도 독립에 대한 구체적인 협의를 진행하게 됐다. 이와 함께 국내에서 그간 분열되어 있던 민족주의 운동 단체들이 인도 국민회의를 중심으로 영국 측에 더욱 커다란 압력을 가하고 있었다. 이렇듯 여러 상황들이 인도의 독립을 점점 재촉하고 있었던 것이다. 하지만 이런 상황에서도 힌두와 무슬림 사이의 갈등은 지속되고 있었다.

즉 인도에는 독립의 기운이 무르익어 가고 있었지만 한편으로는 종교 간의 갈등이라는 불씨가 남아 있었기에, 간디는 1947년 1월 "칠흑 같은 어둠이 내 주위를 감싸고 있다."는 발언을 했다. 그해 3월 인도에는 영국 정부가 파견한 최후의 부왕 마운트배튼(Louis Mountbatten, 1900~1979, 영국의 정치가로서 해군 지휘관)이 도착했다. 그는 인도의 분리 독립을 추진하던 인물이었다. 간디는 4월에 진나와 함께 다시 힌두, 무슬림 집단 간의 평화를 위한 합동 호소문을 발표했다. 그러나 6월 3일 영국 수상 애틀리는 인도와 파키스탄의 분리 독립안을 발표했고, 네루가 장악하고 있던 국민회의가 이를 받아들였다. 그해 8월 15일 영국령 인도는 인도와 파키스탄 2개의 국가로 분리되어 독립한다. 간디는 영국 통치에서의 해방을 기뻐하면서도 인도의 분리를 개탄했다. '영국은 인도를 떠나시오' 운동은 성공을 거두었지만, 간디에게 그것은 잘해야 절반의 성공에 불과했다.

1947년 4월 2일 78세 생일날, 간디 지지자들은 그에게 후하고 애정 어린 인사말을 쏟아 부었다. 그때 간디는 분할될 가능성이 점차 높아지고 있는 조국의 앞날에 대해 생각하며 다음과 같이 말했다. "나는 야만인이 되어 버린 인간—힌두교도든 이슬람교도든—에 의한 대량 살육을 속수무책으로 지켜보기보다는, '눈물의 골짜기'에서 나를 데려가 달라고, 만물을 감싸는 힘에게 도와주십사고 기도하고 있습니다. 나는 여전히 울부짖습니다. 나의 의지가 아니라 당신의 의지만이 지배할 것이라고 외치며.”

분리 독립된 인도와 파키스탄에서는 반대편 신도들에 대한 무자비한 학살과 폭동이 계속되고 있었다. 간디는 비탄 속에서 이런 힌두교와 이슬람교도 간의 참혹한 살육을 지켜보며, 1948년 1월 13일 두 집단 간의 일치를 위해 뉴델리에서 단식을 시작했다. 그러나 건강이 악화되어 단식은 닷새 만에 종료된다. 그해 1월 30일 간디는 저녁 기도 모임에 참석하기 위해 길을 가던 중, 힌두 마하사바의 열혈 당원이던 나투람 고제(Nathuram Godse, 1910~1949)가 쏜 총탄에 죽음을 맞는다.

고제는 인도 역사를 배우며 이슬람 세력의 인도 정복에 격분하고 있었으며, 간디가 이슬람교도에 대해 유화 정책을 쓴다고 격렬히 비난해 왔던 자였다. 그는 1937년부터 1942년까지 힌두 마하사바의 당수였던 사바르까르의 영향을 깊이 받았으나, 한때 간디의 글을 읽기도 하고 시민 불복종 운동에 가담하기도 했던 인물이었다. 그는 법정에서 진리와 비폭력의 구호는 꿈이라고 말하면서, “간디는 진리와 비폭력이라는 이름으로 이 나라에 헤아릴 수 없이 많은 재난을 초래한 폭력적 평화주의자”라고 진술했다. 고제는 《기따》에 몰두해 대부분을 외울 정도였는데, 올바른 목적을 추구할 때는 폭력을 사용해도 좋다는 것을 정당화하기 위해 《기따》의 구절을 인용하기도 했다.

고제의 총탄을 맞은 간디는 합장한 채 용서의 자세를 보이면서 "오 라마신이여, 오 라마신이여!"라는 말과 함께 이승을 떠났다고 한다. 그것이 그의 마지막 메시지였다.

3. 간디의 사상

1) 신과 진리

간디는 《이샤 우빠니샤드》의 첫 구절이 말하듯이 '우주 안에 존재하는 만물을 통치하는 신'을 믿고, 바로 여기서 신에 대한 비전과 모든 생명이 평등하다는 영감을 얻었다고 했다. 신에 대한 간디의 이런 생각은 그의 사상에서 핵심을 이루고, 다른 주장들은 그것을 둘러싸고 있다.

간디는 기본적으로 유신론자였다. 앞에서도 얘기했듯 그는 어릴 때부터 비슈누 신의 화신인 라마의 이름을 반복해서 외고, 수시로 기도하는 교육을 받았다. 간디의 삶에 깊이 각인된 이러한 유신론적 태도 덕분에 그는 그가 세운 생활 공동체 아슈람에서 아침저녁으로 뚤시다스, 미라바이(Mira Bai, 1498~1547, 16세기 초 인도의 시인) 같은 유명한 비슈누교도들이 지은 찬송가를 부르고, 신을 노래하는 타고르의 시, 심지어는 기독교와 이슬람교도의 찬송가까지도 부를 수 있었다. 간디의 이런 깊은 신앙심은 인도에서 종교를 믿는 수백만에 달하는 동포들의 마음을 움직였다. 그러나 그에게 신은 인도의 전통적 신뿐 아니라 서양인들이나 아랍인들의 신도 같은 의미로 작용했다.

간디에게 신과 동일한 의미로 쓰인 또 하나의 말은 진리였다. 간디는 생애 초기에는 진리의 위대함을 드러내기 위해서 "신이 진리다."라고 말하곤 했다. 그러나 후기에는 이 표현마저도 적당하지 않다고 확신하게 되면서, "진리가 신이다."라고 말했다. 이 말은 '추구해야 할 것은 진리고, 봉사해야 할 곳도 진리다.'라는 것을 의미하고 있다. 세상 모든 존재의 중심에 자리 잡고 있는 진리의 실현을 통해서만, 인간의 생명이 완성되고 구원이 성취된다고 본 것이다. 진리를 실현하는 것은 곧 신을 실현하는 것이며, 자기 자신의 존재를 지탱하는 내적 법칙을 충족시키는 것이다. 그래서 간디에게는 진리를 파악하고 실현하는 진리파지와, 자신의 삶을 신과 진리에 바치며 끊임없이 깨달음을 찾는 자아실현은 동의어라고 할 수 있었다.

간디는 신에 대한 비전, 진리 추구, 모든 생명의 평등성에 대한 깨달음은 서로 떨어질 수 없다고 보았고, 이 셋이 인간의 모든 영역에서 이루어져야 한다고 믿었다. 그러므로 민족 운동가이자 사회 개혁가로 활동하던 정치 영역에서도 이것들이 구현돼야 한다고 생각했던 것이다.

2) 진리파지와 아힘사

간디는 시민 불복종 운동, 비폭력 저항, 단식 투쟁을 통해 악에 대항하는 강력하고 새로운 사랑의 무기를 인도와 세계 앞에 보여 주었다. 그가 반제국주의 투쟁과 반패권주의 투쟁에서 사용한 다양한 전술의 기초는 진리와 사랑이라는 두 원리였으며, 바로 이 두 원리가 그의 행동을 위한 영감과 에너지를 제공했다. 우주와 인간 세계에는 신이 두루 존재하지만, 인간 세계에는 다분히 악과 폭력이 존재하는 것도 사실이다. 간디는 악과 폭력이 왜 존재하게 됐는지 그 이유를 모두 알 수는 없지만, 신이 인간에게 자유 의지를 주었기에 악과 폭력의 존재 또한 허락됐는지도 모른다고 말했다. 또한 그는 신의 존재를 증명하는 유일한 길이 목숨 걸고 악과 씨름하는 것에 있다고 보았다. 달리 말해 허위와 폭력에 의해 가려진 진리를 드러내 실현하기 위해서는 고행과 열정 어린 행동이 필요하다는 것이다. 그것이 바로 참된 진리파지 운동이었다.

그러면 진리를 파악하고 지키는 길은 무엇인가? 진리는 모든 존재 안에 계시는 신이고, 신을 사랑하는 것은 신의 모든 피조물을 사랑하는 일이기 때문에, 진리를 파악하고 그것을 지키기 위해서는 자신을 정결하게 하고 사랑의 길을 가야만 한다. 사랑이라는 말을 위해서 간디가 사용했던 단어는 아힘사였다. 이 말은 번역하자면 비폭력 또는 남에게 상처를 입히지 않음을 뜻한다. 간디는 사랑이라는 표현 대신 아힘사라는 말을 통해 순수하고 완전한 사랑을 추구했다. 이런 사랑은 우리 자신의 아주 깊은 곳에서 흘러나온다. 그리고 친절, 자비, 타인에 대한 지치지 않는 봉사는 자신을 말해 주는 중요한 표현들이다. 한마디로 비폭력은 모든 생명이 하나이며 동등하다는 자각에서 비롯된 사랑의 다른 표현이다.

간디는 어떤 형태의 폭력도 거부했다. 그는 폭력이란 내면적 약함에서 자라난 공포의 외적인 표현이라 생각했기 때문이다. 진리가 확인되고 사랑이 실천되는 세계에서는 모든 종류의 증오와 폭력이 들어설 자리가 없다. 폭력은 또 다른 폭력을 부를 뿐이고, 개인과 사회를 더욱 약화시킨다. 반면에 사랑은 내 안에, 그리고 다른 사람 안에 애정을 불러와, 자신과 타인을 더욱 강하게 한다. 이처럼 간디는 진리를 깨닫고 바로 그것을 통해 세상을 사랑해야 함을 강조하기 위해 진리파지와 아힘사라는 말을 썼던 것이다.

3) 사랑의 포괄성

간디는 사랑의 원리를 모든 생명, 인간은 물론이고 송아지와 원숭이, 심지어 뱀에게도 적용했다. 그는 피조물의 하나에 불과한 인간에게 다른 생명을 마음대로 죽이거나 먹거나 할 수 있는 권리가 없다고 보았다. 그러므로 그는 인간중심주의자도 아니었고, 인도인과 다른 나라 사람을 차별하지도 않았다. 다만 그는 병든 송아지에게

독극물을 주입해서 안락사를 시킬 수밖에 없고, 소의 우리에 침입한 뱀을 죽일 수밖에 없는, 그리고 영국 제국주의를 인도에서 몰아낼 수밖에 없는 자신의 처지에 대해 깊이 고뇌했다. 간디는 인간의 삶에 내재되어 있는 피할 수 없는 폭력성에 대해 깊이 생각해야 한다고 보았고, 바로 그런 이유 때문에라도 인간이 더욱 겸손해야 한다는 점을 강조했다.

4) 헛것 아닌 세상

누구든 인간 세상에서 진리와 사랑을 실천하자면, 세상과 정치를 허무하다고 생각해서는 안 된다. 그것을 간디는 비슈누교에서도 배웠다고 말했다. 간디는 세상이 무상(無常)한 면이 있긴 하지만, 그 안에는 뭔가 지속할 만한 가치도 있다고 했다. 그러므로 간디에게 정치의 세상은 반은 헛것이면서 반은 참인 세상이었다.

간디에게 우리가 경험하는 쾌락이나 행복은 덧없이 흘러가는 세상에서의 꿈과 같았지만, 우리 이웃이 당하고 있는 고통만큼은 엄연한 사실로 보였다. 따라서 그 고통을 제거하는 것은 인간의 당연한 의무였다.

그는 1894년 스물다섯의 나이에 남아프리카에서 공적 생활과 공공 봉사에 투신하기로 마음먹은 뒤, 죽을 때까지 뱀과 같이 자신의 몸을 휘감고 있는 정치라는 괴물과 씨름했다. 그 씨름에는 정치 행위에도 거룩함과 진리가 들어 있어야 한다는 믿음과, 민중을 약탈하는 정치를 가만히 앉아서 두고 볼 수 없다는 불인지심(不忍之心, 남의 고통이나 불행을 가만히 두고 보지 못하는 마음)이 함께 움직이고 있었다. 종교가이자 정치가였던 간디는 세상을 구원하지 않고 그저 버릴 생각만 하는 자에게는, 진리도 없고 진리 추구의 역사도 없으며 자아실현도 없다고 말했다. 그리고 이것이야말로 간디의 삶이 세상을 향해 소리 높여 선포한 구원의 메시지다.

5) 현대 문명 비판

간디는 현대 문명과 산업화가 비종교적, 비도덕적이라는 이유로 그것들을 신랄하게 비판했다. 그런 비판은 오늘날 현대 문명의 한복판에서 그것을 만끽하고 있는 우리로서는 이해하기 어려운 것일지도 모른다. 간디는 나중에 이 비판을 어느 정도 완화하기도 했지만 그 골격만큼은 항상 유지했다. 이런 점은 간디의 정치적 계승자이며 인도 초대 수상이었던 네루조차 수용하기 힘든 것이었다. 그는 간디의 현대 문명 비판과 그 대안으로 내놓은 물레와 자급자족 공동체를 반기술적이고 비합리적인, 즉 전근대적인 사고방식이라고 보았고, 특히 그 이상을 실현하기 위해 인도인들이 현대 문명의 이기를 대부분 포기하고, 부처나 간디처럼 자발적 가난을 선택해야 하는 것은 인도의 미래를 버리는 짓이나 다름없다고 생각했다.

그러나 간디는 현대 문명을 비판하고 그 대안으로 진리와 비폭력을 실현할 수 있는 촌락 자치를 끝까지 밀고 나갔다. 물론 간디 역시 촌락 자치가 유토피아적 성격을 지녔음을 잘 알고 있었다. 하지만 간디로서는 진리와 신의 뜻을 이 세상에 실현하는 일, 모든 인간이 비폭력과 사랑으로 살아가는 일에 있어 문명의 이기란 단순히 껍데기와 같은 것이었다. 더구나 문명의 발전이 인간의 인간에 대한 억압과 착취를 조장한다면 그것은 진정 누구를 위한 것이겠는가? 부처가 오늘날 다시 돌아온다면 그 또한 간디처럼 현대 문명을 비판했을지도 모른다.

6) 스와데시 운동과 사르보다야 운동

간디는 스와데시란 "우리에게 가장 가까이 있는 주변의 것들을 사용하고 봉사하는 데 우리 자신을 제한하고, 보다 멀리 떨어져 있는 것을 배제하는 정신"이라고 했다. 이 운동은 인도 독립 운동의 한 고리로 사용됨으로써 영국의 식민지 지배자들을 권좌에서 몰아내고, 인도의 열악한 경제적 상황을 개선하고자 하는 일종의 포석이기도 했다. 인도의 전통 종교를 믿고, 토착 기관을 이용하는 것을 포함해서, 외국산 물품의 불매 운동을 벌이고, 물레 같은 국내 산업을 부흥하는 것도 모두 스와데시였다. 간디는 이 스와데시 운동을 스와라즈, 곧 "자치의 영혼"으로 간주하면서 그의 진리파지 운동의 핵심

중 하나로 삼았다.

또한 간디는 스와데시를 "가난을 초래하고, 노동자와 인간 그리고 다른 생명에게 해를 끼치는 산업을 지지함으로써 발생하는 폭력에 대해 소비자가 자각하는 것"이라고 설명하기도 했다. 그래서 스와데시 운동의 상징은 카디를 입는 것이었다. 그것은 가난과 어려움에 시달리는 이웃에 대한 연대와 동료 의식을 표하는 것이기도 했다.

간디는 만인의 복리를 뜻하는 사르보다야 운동 또한 벌였는데, 이 운동은 파괴의 영역을 최소화해야 한다는 아힘사 원리에서 나온 것이다. 모든 인간을 사랑해야 한다는 아힘사 원리를 받아들이는 사람이라면, '최대 다수의 최대 행복'이라는 공리주의의 원칙에 찬성할 수는 없을 것이라는 게 사르보다야를 내세운 이유였다. 어떤 사람이, 만인의 복리를 위한다는 사르보다야는 겉으로 보기에는 고상하고 보편적인 인도주의 원리일지도 모르지만, 세상에서는 실현될 수 없는 목표이므로 결국 51퍼센트의 행복과 선을 선택할 수밖에 없는 공리주의를 내세우겠다고 주장한다고 해 보자. 이에 대해 간디는, "처음부터 공리주의라는 제한된 목표로 불행한 소수를 희생시키고 그 목표를 이루는 것보다, 만인의 복리라는 이상을 이루기 위해서 여러 가지로 노력하다가 실패하는 편이 백 배 낫다."라고 답할 것이다. 실제로 정부나 사회가 운영될 때 많은 경우 우리는 일반적으로 공리주의의 입장을 취하게 된다. 그러나 이제 우리는 그것이 지닌 약점을 다시 한 번 깊이 생각해 봐야 할 것이다.

간디의 사르보다야 운동을 계승한 특출한 제자로 비노바 바베 (Vinoba Bhave, 1895~1982)를 꼽을 수 있다. 그는 간디가 죽은 뒤 세바 그람(Sevagram, 인도 서부 지역의 도시로 원래는 세가온이라 불렸으나, 간디가 힌디어로 '섬김의 마을'이라는 뜻을 지닌 지금의 이름을 붙였음) 아슈람에 계속 남아, 교육하고, 글을 쓰고, 물레질을 하고, 옷감을 짜고, 불가촉천 민인 하리잔을 위해 사르보다야 사회 개혁 운동을 지속했다. 그는 가난한 농민들을 위해서 부단(Bhoodhan) 운동을 벌인 바도 있다. 이 는 땅이 없는 농민에게 무상으로 토지를 나눠 주는 운동이었다. 그 는 자신의 제자들과 함께 각 촌락을 걸어서 방문하고, 그 촌락에서 가장 토지를 많이 소유한 지주를 만나서, 자신을 5번째 아들로 입양 하고 토지의 5분의 1을 기증해 달라고 권유했다. 이렇게 기증받은 토지는 모두 토지가 없는 농민들에게 분배됐다. 간디처럼 그의 사상 의 핵심도 비폭력과 사랑이었다.

4. 간디의 삶과 사상은 우리에게 어떤 의미를 전해 주는가?

간디의 삶과 사상은 오늘날 과연 어떤 의미가 있을까? 어떤 사람들 은 그의 사상을 지나치게 이상적이라고 말한다. 그러나 이 세상에 계산되고 의도된 폭력이 존재하는 한 간디의 사상과 그 실천은 여전히 의미가 있다. 2001년 9월 11일 미국 뉴욕에서 일어난 끔찍한 테러 사건은 의도된 폭력의 잔혹성을 보여 주고 있다. 물론 미국의 아프가니스탄과 이라크 침공이 가져온 폭력성도 그런 점에서는 마찬가지다. 개인이나 집단, 민족, 국가 등을 움직이고 있는 의도된 폭력, 곧 힘의 사용에 대한 문제가 우리 시대의 가장 중요한 이슈로 떠오르고 있는 것이다. 그리고 이런 이슈의 한복판에 간디의 삶이 있다.

간디는 비폭력에 절대적인 가치를 부여했지만, 그의 동지들조차 그것을 모두 찬성한 것은 아니었다. 네루는 비폭력이 가치가 있긴 하지만 그것이 절대적인 가치를 지니고 있다고 생각하지는 않았다. 더구나 간디를 죽인 자들은 계산되고 의도된 폭력을 믿었던 자들이었다. 제국주의 영국을 증오하며 폭력적인 수단도 마다하지 않았던 힌두 마하사바 세력은 호전적인 민족주의를 내걸었다. 1949년의 간디 암살 사건 재판에서 나투람 고제는 사형 선고를 받고 형장의 이슬로 사라졌다. 그러나 고제는 인도 고등 법원에서 누군가에게 도전하듯 큰 소리로 외쳤다. "나를 화나게 한 것은 간디가 무슬림에게 지속적이고도 일관되게 영합한 일입니다. 나는 이곳 사람들과 신 앞에서 선언하노니, 간디의 삶에 종지부를 찍음으로써, 인도의 저주이며 악의 세력이자 지난 30년 동안 무모한 정책으로 고통과 불행 이외에 아무 것도 주지 않은 사람을 제거했습니다. 네루 정부는 아니겠지만, 역사는 나를 정당하게 취급해 줄 것임을 의심치 않습니다."
불행하게도 당시 인도에는 고제와 같은 힌두 극우파가 수천에 이르
고 있었다.

간디 암살 사건의 재판 과정에서 가장 논란이 많았던 인물은 사바
르까르였다. 그는 한때 힌두 마하사바의 당수였고, 오직 강력한 무
장 봉기만이 인도를 독립시켜 줄 것임을 믿고 있었다. 그는 1909년
런던에서 마단랄 딩그라에게 커즌 와일리를 암살하라고 지령을 내
리기도 했었다. 그는 간디 암살과 관련해서는 혐의에서 벗어나 석방
됐다. 하지만 사바르까르는 인도의 독립을 이루기 위해 무력이 필요
하듯 목적이 정당하다면 그 무력의 사용은 정당한 것이라고 보았다.
이처럼 인간 집단은 작든 크든 집단 공동의 목표, 집단 공동의 역사
와 문화, 그리고 집단 공동의 정체성을 내세우면서 힘의 사용을 정
당화한다.

그러나 과연 이런 의도된 폭력은 불가피한 것인가? 간디에게 비
폭력은 인간의 양심이 일러 주는 도덕의 절대 명령이자 인간다운 법
칙이었지만, 폭력은 짐승의 법칙이었다. 반면 사바르까르는 전혀 다
른 주장을 펼쳤다. 그는 다른 요소들이 동일한 경우, 우월한 군사력
을 가진 나라들만이 살아남고 번영하고 지배하며, 군사적으로 약한
국가는 정치적으로 굴종하거나 멸망하게 된다고 보았다. 이를 보여
준 대표적인 교훈이 바로 영국인들이 인도를 지배하고 통치한 방식

이라는 것이다. 그들은 인도에 대해서 처음에는 힘으로 위협했고 다음에는 그 힘을 마음껏 휘둘렀다. 하지만 간디는 역사에 나타난 폭력 행위는 엄연히 자연의 법칙에 어긋나는 것이라고 생각했다. 그래서 그는 자신이 죽음을 맞는 순간까지도 비폭력을 포기하지 않았다. 폭력을 정당화하는 온갖 이론이, 인간의 현실, 즉 인간과 인간 사이에는 정글과 같은 투쟁만이 존재하고 이 정글 속에서 생존하기 위해서는 내가 남에게 폭력을 휘둘러야 한다는 현실을 아무리 강조한다 하더라도, 분명한 것은 이런 삶에는 미래가 없다는 것이다. 무한 경쟁과 승자에 대한 예찬이 존재하는 한, 인류는 끝없는 전쟁과 인간에 의한 인간의 억압과 착취에서 벗어날 수 없다. 그러므로 간디가 현실과는 다소 동떨어진 이상론을 폈다고 하더라도 명백히 그가 옳은 것이며 현실론자들이 틀린 것이다. 정당한 목적을 위한 것이라고 해도 그것을 행하는 방법이 정당하지 않다면, 인간의 자유와 존엄성이 훼손되리라는 점은 인류의 역사가 증언하는 영원한 진리다.

1948년 1월 31일 간디의 장례 행렬은 인도의 수도 델리 시가를 지나갔다. 이 행렬은 역사의 슬픈 아이러니처럼 보였다. 20세기 가장 위대했던 비폭력 신봉자 간디의 국장을, 그가 지도자가 되었다면 해산당했을지도 모를, 군대에서 책임졌기 때문이다. 간디는 79발의 예포(禮砲)를 받으며 무기를 수송하던 차량으로 운구됐고, 장례식 전체는 영국인 장군에 의해 지휘됐다.

2월 12일 네루는 간디의 유골함을 들고 그의 각료와 간디의 아들 람다스(Ramdas)와 함께 알라하바드에 갔다. 그리고 다음 날 아침 그의 유골을 야무나(Yamuna) 강의 합류 지점과 강가에 뿌렸다. 네루는 세차게 흐르는 누런 강물을 보며 말했다. "그의 마지막 여행은 끝났다. 그런데 우리는 왜 슬퍼해야 하는가? 그를 위해서 슬퍼하는가 아니면 우리 자신을 위해서, 우리 자신의 약함을 위해서, 우리 마음속의 악의와 타인과의 갈등 때문에 슬퍼하는가? 마하뜨마 간디가 자신의 생명을 바친 것은 이 모든 것을 없애기 위해서였다는 것을 우리는 기억해야 한다." 하지만 이런 말을 했던 네루조차 인도의 원자력 부(部)를 위한 자원을 조달하는 데 많은 힘을 쏟았다. 그리고 1974년 인도가 부처의 탄신을 축하하던 바로 그날, 인도의 첫 플루토늄 폭탄 실험을 은밀하게 명령했던 사람은 네루의 딸 인디라 간디(Indira Gandhi, 1917~1984) 수상이었다. 간디가 살아 있었다면 이에 대해 어떤 반응을 보였을까? 그는 어쩌면 다음과 같은 말을 남겼을지도 모른다. "저들 제국주의 강대국이 원자 폭탄을 쓴다고 우리도 원자 폭탄으로 맞서려 하는가? 그것은 또 다른 폭력의 악순환만을 가져올 뿐이다. 인도는 자신의 비겁함을 온 세상에 보여 주고 싶은가?"

우리는 오늘날 비폭력의 복음과 폭력의 원리 중 무엇을 따르고 있을까? 현재의 우리 삶이나 국가는 거의 예외 없이 폭력의 원리에 손을 들어 주고 있다. 현실에서는 '법은 멀고 주먹은 가깝다.' 그리고 어쩌면 그것이 인간의 본능에 더 근접한 것일지도 모른다. 오늘날 거의 모든 국가가 군사력과 경제력, 외교력 등을 기르기 위해서 노력하고 있고, 국민들에게는 경쟁력의 향상을 설파하고 있다. 폭력, 곧 힘의 원리가 세상의 진실인 것처럼 보인다.

하지만 간디는 만일 폭력이 인류의 역사를 주도하는 힘이었다면, 인류는 예전에 이미 다 멸종했을 것이라고 이야기했다. 그는 가장 폭력적인 제국주의의 굴레에서 신음하는 인도를 해방시키려고 했지만, 그것은 어디까지나 사랑의 원리와 비폭력 저항을 통해서였다. 그는 정치에서도 탐욕, 분노, 그리고 무지를 제거해서 참자아를 실현하고자 했다. 심지어 자신의 생명을 진리와 사랑의 제단, 힌두교와 이슬람교의 화합을 위한 제단에 던졌다. 그런 의미에서 간디가 걸어간 길은 부처와 예수의 길이자, 인류 구원의 길이었다. 반면 민족과 국가에 최고의 가치를 부여하겠다고 주장하는 폭력 옹호론자들은 대부분 자기희생을 두려워한다. 이런 점에서 사바르까르와 네루, 그리고 우리는 서로 다를 바 없는 사람들인지도 모르겠다.

간디는 어떤 상황 속에서도 미소로 죽음을 맞이할 준비가 되어 있었다. 간디는 "행하다가 죽음을 맞으라."는 자신의 주문대로 살다 갔다. 물론 그가 고대 인도가 가르쳐 준 고행의 힘이나 아힘사가 원자 폭탄보다 우월하다는 사실을 명백히 입증할 수 있었던 것은 아니다. 그 당시 상당수의 인도인들은 간디의 이런 주장이 현실성 없다고 생각했다. 심지어 그는 종교 분쟁이라는 벽에 부딪쳐 암살자의 손에 죽음을 맞지 않았던가? 불행한 것은 그런 식으로 죽어갈 사람이 간디가 마지막은 아닐 것이라는 점이다. 하지만 설사 그것이 현실이라고 해도 이 위대한 간디야말로 사랑과 자비의 진정한 힘을 가장 잘 보여 준, 부처 이래 최초의 진정한 인도의 성인이다.

소금 행진에서 지도적 역할을 수행했던 인도의 여류 시인 사로지니 나이두(Sarojini Naidu, 1879~1949)는 간디가 암살되기 수개월 전, 간디라는 20세기의 수수께끼에 대해 이렇게 말했다.

누가 말했던가. 기적의 시대는 지나갔다고. 우리 가운데 육화(肉化)된 기적을 보여 주는 이와 같은 탁월한 예증이 있는데 기적의 시대가 어찌 지나갔다 말하겠는가? 그는 보통 사람처럼 태어났고 보통 사람처럼 죽을 것이다. 그러나 그는 그들과 달리 자신이 천명했던 다음과 같은 아름다운 복음을 통해 계속 살아남을 것이다. "증오는 증오로 이길 수 없다. 칼은 칼로써 정복할 수 없다. 힘은 약자와 넘어진 자 위에 행사되어서는 안 된다. 이 세상에서 힘에 대한 가장 역동적이고 가장 창조적인 복음인 비폭력의 복음이야말로, 새 문명, 앞으로 건설되어야 할 새 문명의 유일하고 참된 토대다."

마하뜨마 간디 연보

1869년(0세)	10월 2일 인도 서해안의 조그만 왕국 뽀르반다르에서 신앙심 깊은 어머니와 너그러운 아버지 사이에서 태어나다.
1882년(13세)	까스뚜르바이 마깐지와 결혼하다.
1888년(19세)	장남 하릴랄(Harilal) 출생하다. 법률 공부를 위해 영국으로 향하다.
1891년(22세)	변호사 시험에 합격하다.
1893년(24세)	다다 압둘라 사의 법률 업무를 위해 남아프리카에 첫발을 딛다.
1894년(25세)	나탈 국민회의를 조직하여 인도인의 지위 향상을 위해 투쟁하다.
1899년(30세)	보어 전쟁에 참여하기 위해 인도인 위생병 부대를 조직하다.

1902년(33세)	보어 전쟁이 끝난 후에도 인도인에 대한 차별 대우가 개선 되지 않다. 인도에 일시 귀국했던 간디, 가족과 함께 다시 남아프리카로 돌아가다.
1903년(34세)	주간지 《인디언 오피니언》을 창간하다.
1908년(39세)	아시아인 법에 반대하는 투쟁을 전개하다. 수동적 저항이 라는 말 대신 사땨그라하라는 말을 사용하다.
1909년(40세)	남아프리카 인도인들의 지위 향상을 위해 영국을 방문하 다. 남아프리카로 돌아오는 배 위에서 《힌드 스와라즈》를 집필하다.
1914년(45세)	트란스발 정부와의 합의 아래 사땨그라하 운동을 중지시 키다.
1915년(46세)	22년 만에 인도에 완전히 돌아오다.
1919년(50세)	롤래트 법안의 철회를 요구하며 파업을 주도하다. 암리짜 르 대학살 발생하다. 《나바지반》과 《영 인디아》의 편집인 을 맡다.
1920년(51세)	일평생 손으로 짠 옷을 입겠다고 선서하다.
1921년(52세)	매일 물레질하기로 서약하다.
1924년(55세)	힌두교도와 이슬람교도의 일치를 위해 21일 동안 단식하다.
1925년(56세)	《자서전》의 집필을 시작하다.

1929년(60세)	《자서전》을 완성하다.
1930년(61세)	3~4월에 걸쳐 아마다바드에서 단디에 이르는 4백 킬로미터의 대장정인 소금 행진을 실시하고, 단디 해안에서 소금법을 위반하다.
1931년(62세)	영국 부왕 어윈과 소금 법에 대한 협정을 체결하다. 제2차 원탁회의에 참석하기 위해 영국에 가다.
1932년(63세)	불가촉천민을 위해 죽기를 각오하고 일주일 동안 단식하다.
1933년(64세)	《하리잔》을 창간하다.
1942년(73세)	'영국은 인도를 떠나시오' 운동을 시작하다.
1944년(75세)	연금 생활을 하던 중 아내 까스뚜르바이 사망하다.
1947년(78세)	8월 15일 영국령 인도가 인도와 파키스탄으로 분리 독립되다. 힌두교도와 이슬람교도 사이에 광범위한 폭력이 발생한 데 대해 심각성을 느끼고, 이들의 화해를 위해 죽을 각오로 단식하다.
1948년(79세)	1월 30일 광적인 힌두교도에 의해 암살당하다.